松山傳十郎 著
茂木仁史 解題

琉球浄瑠璃

久志の若按司

沖縄学研究資料・14

榕樹書林

久志本乃梅園

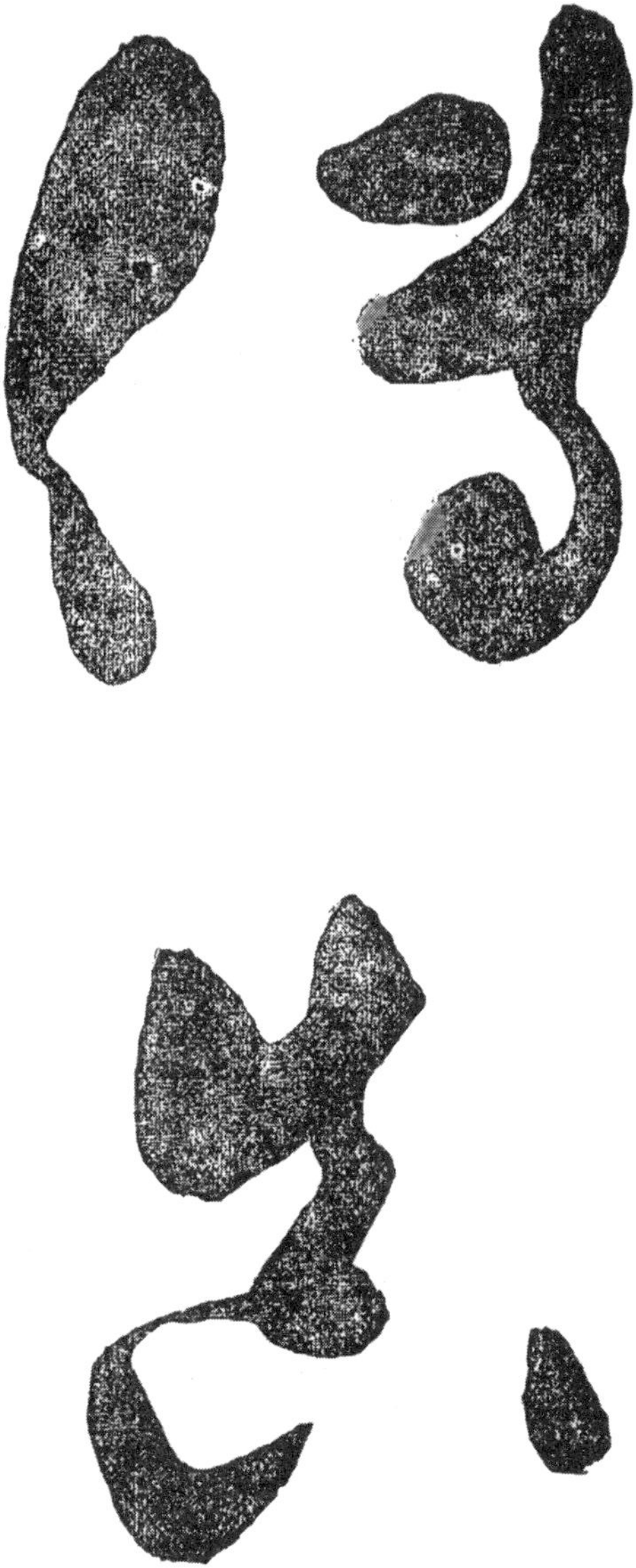

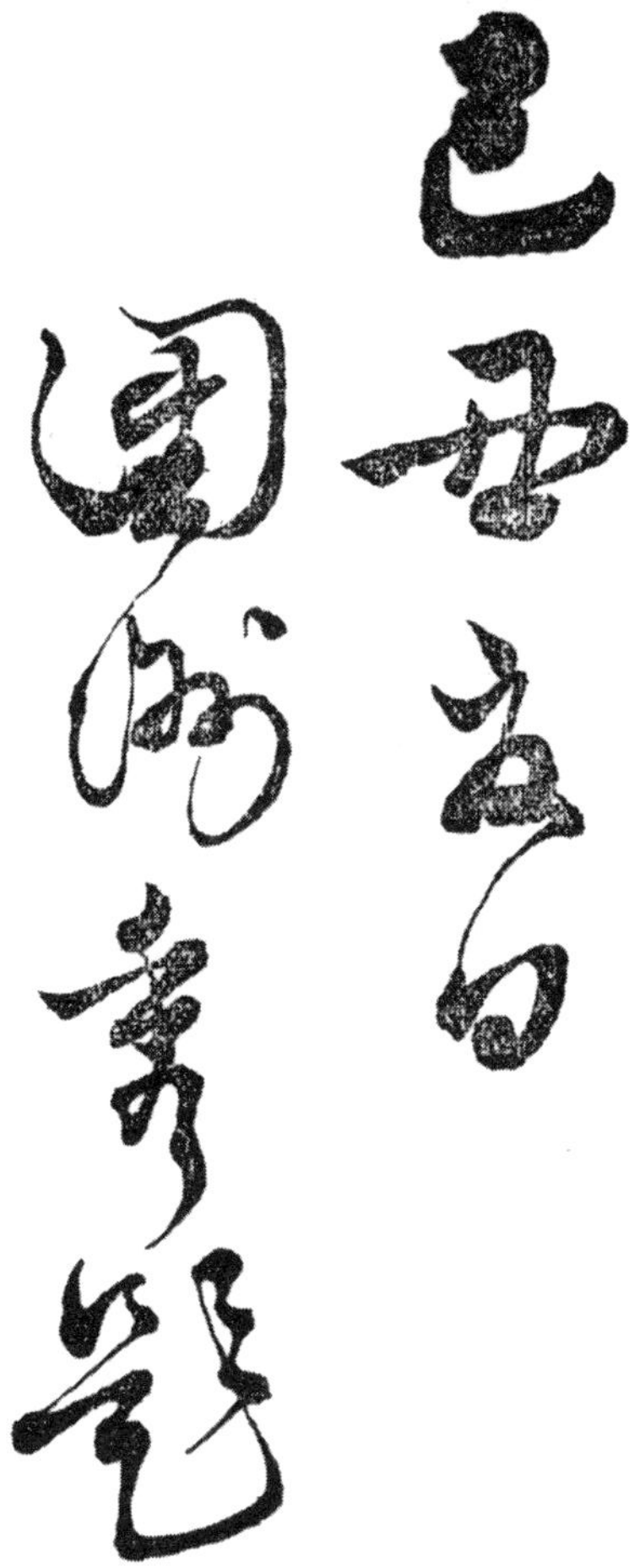
己丑冬日

序

琉球淨瑠璃といふもの、些しは世の中に見掛けますが、いづれも註釋のある物でありません。この度の松山君のこの著述は君が久しく琉球の內地を履んだ上の仕事で而も文學上の眼で之を評しまた解したのは餘人の出來ぬ事です。解釋の面白いのは勿論の事、一讀してたゞ感服のいたりといふのは、既に海中の一孤島にも性質のいゝ文學の花は咲いて居たといふ事です。この久志の若按司など、つまり謠曲と脚本と二つあはせたやうなもので、即ち謠曲が一たび進化を經て脚本とかはるまでの間に必ず經る道筋で、之に因つて琉球にこれらの作が出來た、あらましの時代もわかり、また言葉の樣子も、それがいつ頃傳はりたかなどすこしづゝ

一、劇場の摸樣、演劇の体裁、俳優の扮裝、樂器の種類、其の他本文の參考となるべきものは、本書の卷尾に於て別に之を補綴したり。

一、本書を解釋するに當り、其の參考に供したる書目は、沖繩對話、沖繩縣地誌畧、沖繩志、弓張月、南嶋記事、三才圖會、中山傳信錄、球陽、組躍叢書類、及び著者が私稿に係る琉球巡遊日記等是なり。

明治二十二年八月、

著者識す。

月耕写之

故らに名義を自叙するも、却て是不平の辭。

琉《リウ》球《キウ》、浄《じやう》瑠《る》璃《り》。

久志れ若《ワカ》按《ア》司《ジ》。

東京、　松山いろは著。

樂屋の雛子に連れて、苛めしき武者一人舞臺の正面に現れ出で、

武「出様來者《でイおーちーやるもの》や、天願《テングワン》の按司《アジ》の頭役《かしらやく》志ーゆたる謝名《ジヤナ》の大主《ウフヌシ》。

罷り出でたる某は、天願城主の家老職を相勤むる謝名の大主にて候。

「出様來者や」とは「現れ出でたる者は」と云ぬとにて、「しーゆたる」とは「して居る」と云ぬとなり。

琉球國は、當時一地方毎に城廓を築き、按司を配置し、以て其の地一般の政務を管理せしむ、猶本邦幕府時代に大名

述懐の言其の氣紛鬧。

上半段積極的。

を各地に置き、以て其の配下の政治を司らしめたるが如き、故に琉球の按司は恰も本邦の大名と同じく、一國一城の主なりと知るべし。

天願城は中《ナカ》頭《ガミ》地《チ》方《ハウ》具《グ》志《シ》川《チャーヤ》間《マ》切《ジリ》（地勢に依り國中を大別して三地方となす、曰國頭、曰中頭、曰嶋尻、更に又之を小別して首里、那覇の二邑、及び三十五の間切とす）○此地那覇を距る八里廿町餘天願川（琉球第一の大河にして流れ二里廿七町に亘る）の傍にあり、城址今猶存す。

頭役は本邦の家老の如く、按司即城主に次ぎての役柄にて大主は其の爵ありと知るべし。

嗟《あゝ》、淺《あさ》ましや此《この》身《み》黑《くろ》髪《かみ》に雪《ゆち》の、積《つむ》る年《とし》までん人《ひと》の下《じ》知《ち》請《う》けて、朝《あさ》夕《ゆ》胸《むに》中《うち》に煙《ちむり》たゝゆひが、主《しゆ》人《じん》打《う》ち果《はた》ち按《ア》司《ジ》の身《み》になやん、夢《ゆみ》の間《ま》の浮《うち》世《よ》、樂《らく》をらんとむて、色《いろ》慾《よく》ゆすゝみあちま何《ちかや》やひ、打《う》ち取《と》らんとむて、様《さま》々《ぐ》にしやすが、聞《ち》ち

たてんすらん義理《ぎり》守《まむ》て居《を》りば願事《ねげごと》や叶《かな》ん氣《ち》の毒《どく》どや
たさ。

嗟淺猿しや謝名の大主とも云れるゝ身が、黒髪に雪の積る此の年まで、他人の下知を請け居るとは、思へば〳〵鬱々と、無念の煙よ胸塞がり、快からぬての世渡り寧そ主人を撃ち果し、自按司の位に上り、夢の浮世を安樂に送ふんと存じ、酒色を勸め、放埓に陷れ、折を伺ひ撃ち果さんと、種々樣々に手を盡せど義理筋立つて聞き入れねば、所詮望みハ成就致さじ、アヽ殘念至極と存せし折り。

「なやひ」とは「爲りて」、「とむて」ハ「と思つて」、「わちま」は「間隙」、「しーやすが」ハ「致したが」、「どやたす」ハ「なる事である」と云ふ事なり。

下半段消極的。

ハア、むぢやる三月《さんぐわつ》よ原遊《はらあす》びすゝみやひ、戻《むど》る道中《みちなか゜》は伏《ふし》勢《じい》よ忘ちゆて思《うむ》ゝこと按司《アジ》や打濟《うちすま》ちあまそが、城内《しろうち》になしぐわ跡方《あとかた》んないらん氣《ち》の毒《どく》どやゆる氣《ち》障《さわ》ゐどやゆるヤア富盛《トモイ》大主《ウフヌシ》川崎《カハサキ》の比屋《ヒーヤア》平田《ヒラタ》の子《シー》。

去ぬる三月原遊びにとて誘ひ出し、歸る途中に伏勢を設け、思ふ存分に按司を打果したるが、城内に殘り居たる天願の小倅、何れへ逐電致せしか更に其の行衛相分らず、左りながらこれ儘置かば後日の妨げ、ハテ心掛りな事ではある、――ヤア富盛、川崎、平田、いづれも茲に罷り出ませう。

「むぢやる」は「去る」、「しちよて」は「してれいて」、「思たこと」は「思ひし如く」、「すまちあすが」は「濟しましたが」、「あしぐゑ」は「産の子」、「跡方んないらん」は「行衛なし」と云ふ事なり。

對話の言
其の氣勇
壯。
此の點眼
あり、天
願按司の
賢明も亦
遂に敵せ
ざる所以

「大主《ウフヌシ》比屋《ヒーヤア》は共に位にして、子《シー》は無官位なる男子の尊稱なり。

三人「ふうー

「ふうー」とは猶「ハー、アー」と云ふが如く、應答の語なり。

三人の家來は應へつ、舞臺より出て來り、主人に對つて一禮なし

謝名「ヤア思《うむ》た事《くと》叶《かな》て按司《アジ》ん打果《うちはた》ち樂《らく》ん樂撰《らくいち》でふくらしーやどあすが、城内《しろうち》になしぐーゑ跡方《あとかた》んなーんらん、又《また》久志《クシ》ぬ若按司《ワカアジ》や天願《テングワン》の別《わか》れ、ちーやーつ家《ち》ふるばされ、只《たゞ》やでやをらん。

ヤア何方も、望みの通り按司を打果し、樂に樂を重ぬる自由の身となりしも、城内に殘り居りたる天願の小倅、何れへ逐電致せしか、更に其の行方相分らず、加之久志の若按

既に黠眼あり、而して詭策之に稱ふ能はず、是慢心の致す所。

司ハ、天願の分家あれバ、本家の亡ぼされしを餘所に見て、只其儘にハ止みハせまじ。

「ふくらしーやとあすが」ハ、「嬉しき事であるが」、「ちーやーつち」ハ「嫡家」即本家「只やてやをらん」ハ「只默止つては居らぬ」と云ふ事なり。

久《ク》志《シ》城《ジヤウ》ハ國頭《クンチヤンチ》地方《ハウ》久《ク》志《シ》間《マ》切《ジリ》（間切は本邦の郡の如し、那覇を距る十八里二十三丁）にあり

若按司ハ猶若旦那と云ふが如し。

天《テン》願《グワン》の若《ワカ》按《ア》司《ジ》助けやへ二《た》人《い》、命《いのち》ぬりすてゝ弓《ゆみ》彎《ひ》ちーゆらとめバ、氣《ち》障《さは》ゐどやゆる事《こと》障《さは》ゐだーるもの、先《ま》づ久《ク》志《シ》の城《しろ》元《むと》に軍《いくさ》押《うし》寄《ゆす》て、急《いち》ち若《ワカ》按《ア》司《ジ》打《うち》果《はた》ちからに、天《テン》願《グワン》れなしぐーもさげし改《あらた》めて根《ね》葉《は》ん刈《か》りすてゝわちもやすま。

下位の人
其の言白
軽卒

彼必らず天願の若按司を助け、両人共に命を捨て、我れに弓彎くれ必然、それを思へば枕も高う致されず、されば先づ差當り久志の城下に軍勢を押寄せ、急き久志の若按司を打果し、然る後よ天願の小悴と探し出し、枝葉を切つて切すてゝ、我が氣休めをせねばあらぬ。

「弓彎ちーひらとめば」ハ「弓彎くと思へば」、「わちもやすま」ハ「我が膽を休めん」と云ふ事なり。

三人「をがんちーゆみやびて。畏つてござります。

平田「ハアぬしーやるでど、あのふ二人《たい》世界《しけ》に生《いち》て置《うち》らや、後《あと》々の障《さは》る御《う》氣《ち》づーのーんどやゆる、片《かた》時《とち》ん急《いそ》ぢうち捕《とや》へ、ちーやァびら。

上位の人其の言自迂濶、然れども是亦一層の思慮。

仰の通り、彼等兩人を此の世に生しおいてハ將來の妨げ、御心配御尤、されば片時も早く彼等兩人を打取り歸るでムりませう。

「ゐしーやるでと」ハ「仰せらるゝ如く」、「ちやーびら」ハ「參りませうと」云ふことあり。

富盛「ヤア按司《アジ》がなし、久志《クシ》の若按司《ワカアジ》や世界《しけ》に立抜《たちぬぎ》て、義《ギ》理《り》ん分《ふん》別《べつ》ん人《ひと》並《なみ》やあらん、又《また》あの大親《ウフヤ》立川《タツカワ》み大主《ウウヌシ》と砂《スナ》田《ダ》の子《シー》二《た》人《い》や、世《せ》間《けん》沙《さ》汰《た》さりる兵《つはもの》よやりば、自《じ》由《ゆ》に打取《うちとゆ》る敵《てち》や又《また》あらん、天《テン》願《グワン》の城打《ぐすくうち》よ亡《よろ》ばしーやひ、御《う》萬《まん》人《ちーゆ》の心《こゝろ》落《うて》つかん内《うち》に、城《しろ》よ立《たち》出《ん》で城《しろ》よ離《はな》れやんし、遙々《はるぐ》と久志《クシ》に軍《いくさ》押《うし》寄《ゆす》て、むしの此《この》城《しろ》に一《いち》大《で》事《じ》のあらば、百《もゝ》悔《くやみ》しちん益《いち》や又《また》なーんさめ、今《あま》程《よど》や城《しろ》よ固《かた》く打《うち》守《まも》て、時《じ》節《せつ》計《はか》らやい軍《いく》寄《よせ》やびら。

アイヤ按司殿下、久志の若按司は世間の人に立越え、義理分別とも中々人並の者にあらず、加之彼が後見人なる立川の大主、及び砂田の子、是等兩人も亦世界に評判高き武士なれは、さう自由勝手に打取る小敵ではムりませぬ、殊に天願城を打亡してより未だ日淺く、城下の民心落付ざる其の前に、城を離れて遙々と、久志に軍を押寄せ、若し城内に異變起られ、如何程悔ても其の甲斐なし、されば差當り此の城と堅く打守り、時節を待て軍勢押寄せ候方、可然存ドます。

「がなし」は「殿下」と云ふ事にて、貴人に對しての尊稱なり、「大親」は「後見人」、「よやりば」は「であれば」、「むしかば」は「若しや」、「し

中位の人
其の言自
ら適切、
思慮深さ
更に一層。

ちん」ハ「しても」、「なんさ先」ハ「あいてせう」、「寄やびら」は「寄ませう」と云ふ事なり。

川崎「ヤア按司《アジ》かなし、久志《クシ》の城下《しろもと》え軍寄《いくさゆ》すゆすや、大主《ウフヌシ》のいやれはでど先《ま》づやみにみしーやーうち、急《いそ》ぢ嶋《しま》々え廻文《くわいふん》よ通《とを》ち、天願《テングワン》のなしぐーわ生捕《いけどい》まとやひ、久志《クシ》の若按司《ワカアジ》の降参《かうさん》よしゆらば天願《テンガン》のなしぐーわ歸《かへ》ち渡《わた》さてやい、久志《クシ》れ若《ワカ》按司《アジ》え文《ふみ》よ遣《つかわ》さば、泣々《なく〳〵》んこまに降《くだ》でこんしーよもの、おの時《とち》にふたい殺《ころ》ちをてやびら。

ヤア按司殿下、久志の城下に軍勢を押寄する事、如何にも大主の語え任せ、御見合せあつて可レ然、先づ急ぎ島々に廻文を廻し、天願の小倅を生捕らせ、久志の若按司え使者と立て、汝速に降伏し來らば、擒になせし天願の若按司ハ、其

點眼未だ盲せず、故に其氣慢なりさ雖も、猶人言を撰ぶに惑はず。

の儘返し遣れすべしと、書狀を以て申し送らば、泣々ながらも降伏し、此處に來るれ必定なり、其の時兩人共賺打に殺し捨んことを萬全の計畧。

「やミにミしーやうち」は「止めに召されて」、「とやひ」は「捕らへ」、「しゆらば」れ「おるならば」、「渡さてやひ」れ「渡すと云りて」、「こま」れ「此處」、「こんしーよもの」れ「來るだらふ」、「捨てやびら」れ「捨てませう」といことなり。

諺「ヤア大《ウフ》主《ヌシ》、ヤア川崎《カツサキ》、言《いゆる》事《こと》ゆ聞《ち》けば理《ことわ》りどやよる、急《いそ》ぢ手《て》分《わかーい》に島《しま》々《じ》よ廻《みぐ》て、天願《テングワン》のなしぐーわからゑ出《だ》す者《もの》や取《とり》位《くれ》んつゐて島《シマ》知《チ》行《ジヨン》呉《く》ゆん、若《むし》かくち置《お》く者《もの》や一《いち》門《もん》種《やだに》よ、引《ひ》ちはらドまでん、生《いち》責《じめ》ゆしーよんて堅《かた》く言《いひ》渡《わた》ち、片《かた》時《とち》ん急《いそ》ぢ搦《から》め立《だ》ちちやーうり。

上位の是總代人。

ウーム、兩人の意見如何にも尤、先づ急き手分をなして島々を巡り、天顧の小悴搦め出す者あらば、官位を授け、島知行に充て行れん、若し隱し置くものあらば、一家一族嚴しき刑罰に行れんと、嚴重に申渡し、片時も早く搦め取つて立ち歸れ。

「引ちはらじまでん」は「總体までも」、「しーよんて」は「すると云つて」、「ちーやうり」は「來れ」と云ふ事なり。

富　「をごんちーゆみやびて。

畏つてでざります。

謝　「たう〳〵急げ〳〵。

サア〳〵急げ〳〵。

此嚴重なる命令に、三人とも猶豫なく立上り、大主諸共幕内に入る、此の時樂屋にて「サンヤマ節」と名づくる哀れなる歌を唱ふ。

第一段。

昨日嬉遊の子、今日悲歎の士。

歎「生《んま》れらん生《んま》りれみなひとわ身や朝夕《あさゆ》血《ち》の涙袖《なみだそで》ゆ濡《ぬら》ち。

生《うま》れし甲斐《かひ》も情《なさけ》なや、妹《いもと》と此身《このみ》が朝夕《あさゆう》に、濡《ぬら》す袂《たもと》に血《ち》の涙《なみだ》。「生らぬ生り」とは「生れし甲斐なき生れ」と云ふことにて、「おみない」とは「妹」と云ふ事あり。

歎は連れて、天願の若按司千代松、妹の乙鶴を引連れ出で來り。

千代松「天願《テングワン》の産子《なしぐーわ》千代松《チヨマツ》どやよる、按司《アジ》ろひが事《くと》や謝名《ジヤナ》の大主《ウフヌシ》に殺《くる》されよめしーやーうちあわりあやめーれん、亂《みだ》れ矢にあたて消《ちに》よ果《はて》て見しーやーうち、二所《たとこる》の親《うや》にすてらりてをりば、あてなしの妹朝夕泣《なち》暮《くら》ち百《もゝ》さがへすがては なすゐとならん、我《わ》膽消ぐと互《たげ》に袖《そで》しぶて、死んてーいすりば親《ちゃ》の敵《てち》かたち、討《うた》な徒《いたづら》に死《しに》ん又《また》ならん、久《ク》志《シ》れ若《ワカ》按《ア》司《シ》やわが従兄《いちーゆく》やりば、あり頼《たぬ》てからに忍《ぬ》び隠《かく》りやい、時《じ》節《せつ》待《ば》ち受《う》けて敵《てち》うさんともて、妹《おみなひ》よ連《つり》て忍《ぬ》で行《いちーゆ》ん。

私ハ天願の一子千代松と申すものでムりますが、父親ハ謝名の大主が爲めに亡ぼされ賜ひしに、憐や又も母親ハ乱軍中に敢なき御最期、兩親に捨てられし幼き妹の乙鶴が、何も知らねば朝夕に、泣き縋り悲みて、離すことさへ出來ませねバ、此身の命も消ゆる計り、互に袖を絞り合ひ、寧そ死なんとまでに思ひつめても、親の敵を討たずして、やみ〱　死ぬるも口惜し、此の上は従兄なる久志の若按司を便りて、暫時其所に身を隠し、時節を待ち請け、敵を討たんと心を決め、今日只今妹を連れて久志に忍びの此旅立。

「おやめい」とは母の事にて、「おてなし」とは「幼少」の事なり、「百さがいそがて」とは「數限りもなく縋りつきて」、「もちも」は「我が心」、「死んでいすりば」は「死なんとはそれど」と云ふ事なり。

前途茫々。

歌

是より兩人の道行となる、此時樂屋にて「キン節」と名つくる歌を唱ふ。

「久《ク》司《シ》の城下《しろもと》や東《あが》り表《むて》でものてだあがる方《かた》よとめて
いちーゆん

久志は東にあるよし聞けば、日の出る方を心當て、行かば必らず迷ふまじ。

「てだ」とは太陽と云ふ事なり。琉球にては、「東」を「あがり」と云ひ、「西」を「いり」と云ふ。とはこれ太陽の上る方、太陽の入る方と云ふの意にて、名つけしならんか。

小妹が心中唯阿兄あるのみ。

阿兄が心中唯村家あるのみ。

意稍強し。

乙鶴「ヤアやちめーいよ、長《なが》道《みち》のつかり足《はし》んひりをらん、こまま足《あし》ゆでてしばしやすにやびら。

コレ兄さま、長旅の疲れゐて足い少しも進みませぬ、此所等邊りよ暫時足を休めたうムります。

「やちめい」とは年長者の事にて、即兄をさしたるなり。

千「ヤアおみなひゆ夜《ゆ》ん更《よ》けてをりばこまをてやすまん、あの村《むら》に便《たゆ》て足《あし》よやすまさう〱ちばり〱。

コレ妹、夜も更けたれば此處等邊りよ休まんより、アレ向うの村に便り行き、緩々足休め致さう程ゐ、暫時辛抱してくりーやれ。

「ちばり」とは「氣張れ」と云ぬ事よて、「辛抱せよ」と云ふに同ト。

兩人舞臺まで歩み來り、宿の戸を叩き。

未た他思
あらず。
心必然を
期す。

千 「此《こ》れ宿《やど》の内《うち》に物《もの》ゆおんまーゆきら。
あゝの御宿にチト物を御頼み申します。

（宿主内より出て來り。）

宿主 「たゞるがやよら。

誰れだく
「たるがやよら」とは「誰であるか」と云ふ事あり。

千 「あれ首里《シュリ》方《かた》れ者《もの》とやゝびすが、闇《やみ》れ夜《よ》のあらさ行《ゆち》先《さち》んめらん、御《う》情《なさけ》に一《いち》夜《や》からちたぼり。

私共は首里のものでムりますが、闇夜の暗きゐ行先分らず、難澁致して居りますれば、何卒御慈悲に、一夜の御宿と御願申し上げまする。

「やゝぴそが」は「ありますが」と云ふ事にて、「からちたぼり」

始めて疑ふ。

始めて危。

うとは「貸して賜われ」と云ふ事なり。

客「ヤア、如何《いちやる》事《くと》やとて童《わらび》あてなられ、只《たゞ》二《ふた》人《い》連《つ》きてまゐへ行《い》ちーゆか。

幼童が二人連立、何用あつて何處へ行く。

「いちやることやとて」とは「如何なる事があつて」と云ふ事まで、「まがへいちーゆか」とは「何處へ行くか」と云ふ事なり。

千「國頭《クンチヤン》に思事《うむくと》れあてどいちーやびすが、やみの夜《よ》の暗《くら》さ行《ゆく》先《さち》んめらん、さんで御《う》情《なさけ》にりらちたちたぼり。

思ふ仔細ありて、國頭へ行くものでムりますれど、闇夜の暗さに行方相知らず、是非御情けに一夜御願申します。

「いちーやびすが」は「行きますが」と云ふ事にて、「たんで」とは「何卒」と云ふ事なり。

意全く決す。

殆んど絶望す。

宿「ハア、見《み》ればこの二人《たい》や只人《たゞひと》やあらん、たしか天願《テングワン》のおめんぐーわどやゆる、ハア、んちーやる目《め》のいちーやさ助《たす》けぶしーやあすが、天願《テングワン》のなしぐーわかくち置《お》くものや、一門《いちもん》やだによ引《ひち》むるじまでん、殺《とろ》ちをてらりんていーやゑ御《う》觸《ふ》りいのあむの、こまろらや急《いそ》ち出《んぢ》てさばはり。

ハア、見ればこの二人共只人にてはヨモおはさじ、紛らふ方なき天願の公達、御難澁の様子御見受申したれば、是非御助け申したけれど、天願の公達を隠し置くものは、從類絶すとの嚴重なる御觸もあれば、これ計りはドウも致し方がムりません、少しも早く此處を御立退きくださるべし。

千「ヤア〳〵、闇《やみ》の夜《よ》の暗《くら》さ雪霜《ゆちしも》や降《ふゆ》ひ、おみなひんおけば膽《ちむ》ん膽《ちむ》ならん、さんでう情《なさけ》まうらちたばーはり。

拒志益々固し。

猶强ひて請はんさす。

斷手さして拒む。

無限の悲痛。

[illegible]暗さは暗し其の上に雪は降り、妹ハ泣き、私は氣が氣でムりませぬ、何卒御慈悲におかしなされてくださりませ。

宿「イヤれめぐーわ宿《やど》からち乞が命《いのち》とゆめ、さう〳〵急《いそ》ち出《んだ》てさばーはま。イヤ〳〵公達に宿を貸して我身命はすてがたし、少しも早く御立退きくだされ。

「ともめ」とは「取らるゝだらう」といふ事なり。

千「ヤア〳〵。

宿「イヤならん〳〵。

この無情なる辞に、兩人共詮方泣々此の處を去る、道行中、樂屋ょてクムチヤア節ト名くる歌を唱ふ。

歌「あけよれちこりしや、れみなひそわんや、巣無《すなし》鳥心《とりこゝろ》やどるりさなーれらん、冬《ふゆ》の夜《よ》とやすが雪《ゆち》霜《しも》にれりて、なれ

少女固より村家を頼まず、妹が心中依然たる阿兄。村家既よ

ん山路《やまみち》やあよてあよまらん、目元《めもと》くら〱となるが心《しん》氣《ち》。

妹と此の身の憐れなる、共に心は巣無鳥、宿る方なき冬の夜の、降り布く雪に目さへ暗み、慣れぬ山路に足は進ます。「あけよおちこりしや」とれ「アヽこれ何としやうか」と云ふことにて、あよて歩まらん」とれ「歩むゐ歩まれぬ」と云ふ事なり。

乙「ヤアやちめいよ、のがをやちめいよ足《あし》まみぢみせる。コレ兄さま、あなたはなぜ歩まずに、其處に臥るのでムります。

チ「ヤアうみないよ、この閒《やごーや》の疲《つか》り足《あし》ん引《ひか》れらん、わちも消《ち》は〱となやへれちゆん。

頼むに足らず、阿兄寧ろ斯望あらんや。阿兄既に斯望なし是阿兄なきなり、則ち却て村家を思ふ。阿兄復た村家に意あらず、意に介せるもの獨

コレ妹、此の閒からの疲れにて、足は少しも立たす、我が魂も消ゆ行く計り。

乙「ヤアやちめいよ、山路《やまみち》や暗《くら》さ雪霜《ゆきしも》やふよひ、いひちばいめしーやり村《むら》にかゝやびら。

コレ兄さま、暗き山路に雪も降りますれば、今少し御辛抱なされませ、追《おつ》つけ八里に頼《たよ》り着きませう。

「いひちばーい先しーやり」といゝ「今小し辛抱せよ」と云ふことなり。

千「ヤアれみなひよ、村《むら》便《たゆ》でてやり哀《あは》りさの二人《たい》に片時《かたとち》ん宿《やど》ゆからしーゆすやれらん。ヤアれみなひよ、あの間《やでや》の疲《つか》れ歩《あゆ》てあゆまらん、頓《ゆが》て消《ち》ゆ果《はて》る露《つゆ》の身《み》どやすが、闇《やみ》の山路《やまみち》に捨《すて》て先《さち》ならば、あてなしのれみなひやいちーや

り小妹あるのみ。

村家復た頼むゝ足らず、再び阿兄を思ふ所以。

がしーゆら。

コレ妹、如何程村を尋ねても、吾々二人に片時も宿貸す人はありません、妹よ私しは此間からの疲れにて歩行さへも自由ならず、頓て消へ行く身なれども、暗き山路にろなたを捨て、冥途の旅に先立たば、幼きろちが如何せん。

「てーやり」は「ても」、「からしゆすや」は「かそ人は」、「やすが」は「あれど」、「さちあらば」と「先立ならば」、「いちーやがしーゆら」これは如何する」と云ふ事なり。

乙「ヤアやちめいよ、のがをやちめーいや言聲《ものひとゑ》んならん。

これ兄さまあなたはなぜに物言ふてとが出來ませぬか。

歌「あけいちやがなよら。

ア、如何にせん〳〵。

思慮淺き者先づ口を開く、撲し得た

兄妹路傍に伏し轉び正体もなく泣き沈む、此時樂屋にてアガリ一節と名づくる歌を唱ふ。

間もなく花道より、富盛大主家來大勢引き連れて出で來り。

富「是《くれ》や富《ト》盛大《オフ》主《ヌシ》天《テン》願《グワン》のなし子《くわ》さがし改《あらた》めゝ、夜《よる》ひるんかけて嶋《しま》々《じ》にれちーゆん、さう〳〵急《いそ》ぢ〳〵。

此富盛大主は、天願の小悴を穿索せん爲め、晝夜をかけての島廻り、サア〳〵急げ〳〵。

供「れ供《とも》しーやびふ。

御供致すでムりませう。

富盛大主以前の子供に目を留め

富「ヤア、いちーやるおとやとて童《わらべ》あてなしの、かねる山《やま》路《みち》に聲《こゑ》立《た》てゝ鳴《なちゆ》か。

ヤア、如何なる譯あつて幼き童が、かゝる山路に聲立てゝ

り阿兄叩
村の辞叙
事卒直。

鳴きやる。

于「ヤア〱、哀《あわ》れむの二人《たり》や首里方《シユりかた》の者《もの》よ、國頭《クンチヤン》にれも事《こと》のあてどれち、やびすが闇《やみ》の夜《よ》のむくらさ行《ゆく》先《さち》んめらん、一《ひち》夜《や》あかさてやりむまに居《を》ゆん。

私共二人は首里のもので、國頭地方に思ふ仔細あつて參る所でムりまするが、闇の夜の暗さに行路更に分りませねば、一夜を茲にあかさうと致して居るのでムります。「いぢーやびすが」は「行くのだが」と云ふ事にて、「あかさでやりこまに居ゆん」は「明かさうと思つて此處に居る」と云ふ事あり。

富「ヤア供《とも》のちや、見《み》ればおれ二人《ふたり》只《たゞ》人《ひと》やあらん、天《テン》願《グワン》のなし子疑《くわうたげい》やなーいらん、たう〱急《いそ》ち繩《あへ》よかけり。

瞬間躊躇未た他の奇なし、唯是妹子。が註脚。辨論迂曲。

ヤア家來共、見れば是なる兩人只人にてはよもあるまじ、察する所天願の小倅共に疑なし、サアく急ぎ縄をうて。

供「わがんちゆみやびて。

畏つてムざります。

千「ヤアく、天願《テングワン》の若按司《ワカアジ》や謝名《ジヤナ》の大主《オフヌシ》のよるちよるさらんてちやりば、誠《まこと》天願《テングワン》のなし子《くわ》どんやらば、縄《なわ》んかけよらばいら程《ふど》んあけり、人《ひと》まげよめしやうち罪科《つみとが》んねらん、この二人《たり》のよて縄《なわ》よかけめしやがめをくれ見《み》わけてよるちたばはり。

如何にも天願の若按司は、謝名大主が為めには免し難き仇人なれば、誠吾々両人が天願の小供にてあるなれば、如何ある御仕置に成るも苦うはなけれども人違して罪科なき我々に、何故ありて縄打たるゝか、ろれ心得ぬ致方、よく御賢察の上、何卒御免しなされてくださりませ。

「どんやりれ」れ「であるなれば」、「かけよちバ如何程んかけり」れ「かけるならバ如何様にもかけよ」、「人達よ免しやうち」れ「人達を召されて」、「のよて」れ「何故ありて」、「めすく」れ「委しく」と云ふ事なり。

富「イヤ人《ひと》まげんあらんめすまぢどおよる、ろがたちよとめる路中《みちなか》どやよる、しめ縄《あわ》のれるさなへんぶんしみり。

イヤ人達にあらず、慥にそれと見極めたり、某れ汝等を搦め捕らんが爲め此所ゑ立寄る道中あるぞ、……締めたる縄が緩いく、いま一層締め上げよ。

唯小妹の故を以て、阿兄恨を呑む萬斛。

「めすまちどおよる」ハ「目利ハ相濟んで居る」、「うかたちとめる」は「汝等をさかず」、「おろさ」は「緩い」「なへん」は「いま一層」、「こんしみり」「踏みしめろ」と云ふ事なり。

供「れがんちーゆみやびていちやが〱。

承知致しました。……サア如何ぢや〱。

チ「この際《ちわ》ゆやりばかくち隠《かく》さらん、實《じつ》よあらわりて願《ねげ》よれんにーよけら、誠《まこと》天願《テンクワン》の若按司《アカアジ》どやよる、おりや守《も》ゑ、やかアなし子《ぐわ》乙鶴《オトツル》よ、うんたらんわ身《ん》と連《つれ》てちーやる故《ゆゑ》に罪《つみ》科《とが》んなーひらん纏《あわ》よかけゆすや、膽《ちも》も膽《ちも》ならんおとよ又《また》やりば、我《わ》身《ん》や責《しめ》よらばいかふどんしみり、あてなしのありや免《ゆる》ちたぼーはり。

此の場に臨み何をか御包ミ申しませう、實事を明かし其の上にて、御願申す仔細あり、如何にも此身は天願の若按司に相違ムりませぬ、去りながらこれなる童は臣下の娘乙鶴と申すもの、不幸にも此身と連れ立ち來りし爲めに罪科もなきに縄かけられては、ドウモ心に濟みませねば、此身は如何ほど苦しき可責に遇ふとても、露いといは致さねど、此娘は何卒御免しなされてくださりませ。

「ならわりて」は「あらわして」、「もりやかて」は「守護人」、「うんたらん」は、「運足らず」と云ふ事なん。

富「いや〳〵すいさんな事《こと》いな。
何を推参な。

供 さあ〳〵立《た》ちーうり〳〵。
きり〳〵立て。

兄妹死既に決す、復た何をか恐れん。

宮「あゝ口《くし》惜《おし》や殘念《ざんねん》義理《ぎり》情《なさ》けしらん野心《やしん》なやつばら。

嗟口惜や殘念やナー、義理知らず情け知らずの虎狼の奴原。

富「生《いち》さかしんざのいゆるくとれにくさ、しめ縄《なわ》れれろさ於へんホんしみり。

小癪に障る下郎の雜言、縄が緩い締め上げィ。

「生ずかし」は「生意氣」、「んざ」は「惡族」、「いゆとのにくさ」は「言ふ事の惡さ」と云ふ事あり。

「れがんちゆみやびて、んちやが〳〵、さあ〳〵あゆみ〳〵

まりました。……サ加何じや〳〵。……きり〳〵歩め。

々引立てられて行く、此時幕内にて七尺節と名つくる歌を唱ふ。

憤慨。

歌s「の丶罪《つみ》んねらん敵《てぃ》の手《て》にか丶て、憐《あわ》れなまあろしさりらとめば。

罪も報もあらぬ身が、敵の及に掛るとは、思へば思へバ情けなや。

「の丶」とハ「何も」と云ふ事にて、「あまでろしさりらとめば」とは「見すく殺さる丶と思へば」と云ふ事なり。

富「ヤア供《とも》のちや、島々《しま〴〵》よ廻《めぐ》て里《さと》よめぐてこの間《いやだ》の疲《つか》れ足《あし》だるさあむの、東《ビジ》恩納《ヤオンナ》番《ばん》所《とこ》に一夜《いちや》あかさ。

ヤア家來共、此間よりの島廻りにて足も大分疲労致したれバ、これより東恩納番所、東恩納番所は中頭地方美里間切にあり、那覇を距る六里二十五町。に參り、彼所に一夜を明かさん。

「ちーや」とハ「衆や」と云ふ事にて、「足だるさあもの」とハ「足が疲

第二段

高帝の伐所羽檄は唯辛鹹の二味のみ。若按司の辞や、之ま兼ぬる

れてゐるから」と云ふ事なり。

供「れがんちゆみやひて。

畏って厶ります。

富「さあ〳〵急《いそ》が〳〵。

供「さあ〳〵歩《あゆ》み〳〵。

※　※　※　※

一同幕内ま入る、後引代て優美なる一人の若侍、供人二人を従へ出で來り。

侍「出《で》様《おゝ》來《ちやる》者《もの》や久《ク》志《シ》の若《ワカ》按《ア》司《ジ》、天《チン》願《グウン》の按《ア》司《ジ》や御《ご》運《うん》つちむて、謝《ジヤ》名《ナ》大《オフ》主《ヌシ》の謀《む》叛《はん》事《こと》企《たく》で、按《ア》司《ジ》とれなぢーやら殺《ころ》されよめしーやーうち、城《しろ》内《うち》になし子《くわ》跡《あと》方《かた》んねらん、野《の》山《やま》から下《ル》てさげさしーゆんてやり、かたりべのあとてなまどこね聞《ちちゆ》る、あゝ、口《くち》惜《おし》や殘《ざん》念《ねん》、ヤァ大《オフ》主《ヌシ》、ヤァ砂《スナ》田《ダ》の子《シー》、身《み》に替《かへ》

に酸を以てす情味深きこそ更に一層

て千《チ》代《ヨ》松《マツ》助けぶるしやあもの片《かた》時《とち》も急《いそ》ち島《しま》々に廻《めぐ》て行《ゆ》衛《くゑ》たづね出《いで》ちからに敵《かたち》討《うち》ゆるさとに計《はから》ひたばーもれ現れ出でたる某は久志の若按司にて候、天願の按司れ御運盡き、果てゝ謝名の大主が謀に陥り、夫人諸共敢なき御最期、それのみならず城内に、小供の行衛分らずとて、草木を分けて探索すと、人の噂よ聞く無念さ、ヤア大主、ヤア砂田の子、此身に代ても千代松をば、必ず共よ助け取らさん、片時も早く嶋々を廻り、急き千代松が行衛を尋ね出し、敵討つやう計ひ取らせよ。

「たくて」は「企さて」、「おおドやら」は「奥方」、「めしやうち」は「召され」「さげさしゆんてやり」は「探かさんと云ふて、」「かたりべ」は「かたる人」「おまどはね聞る」は「今方私が聞きました」、

「助けぶらしやあもの」ハ「助けてやりたいものだ」と云ふ事なり。

両人「れがんちゆみやびて。

畏つてムります。

立「ヤア按司《アヂ》が那し、去れ事《ごと》やれへん油《ゆ》斷《だん》しや濟《すま》ん、急《いそ》ち
手《て》分《わかい》は島《しま》々《じ》よめぐて、若《ワカ》按《ア》司《ヂ》の御《う》行《ゆく》衛《い》たつねやいちーやー
あびら。

按司殿下よ、仰の趣聊かたりとも油斷ナラヌ、急き手分を仕り嶋々を巡り、若按司の御行衛尋ね歸るてムりませう。

「いへん」は「少しも」と云ふ事なり。

久「ヤア大《オフ》主《ヌシ》、この支《し》度《たく》しちーや尋《たづ》ねいやならん、互《たげ》にれちち
やつり忍《しの》ぶあみ笠《がさ》に、ふかくかはかくちしので出《んぢ》ら。

アイヤ大主、此の儘の支度にては尋ね行くことと相成るまじ、互に此身をやつし、深く笠にて面を包み、忍び行くこそ當竟あれ。

立「れがんちゆみやびて。

畏つてムります。

久「ヤア大主《オフスン》、ヤア砂田《スナダ》れ子《シー》、手《て》配《くば》りのごとよ美里《ンザヤト》から越《グ》來《イク》、具《グ》志《シ》川《チャ》與《ユ》那《ナ》城《グスク》勝《カッ》連《ツン》に忍《しの》ば。

ヤア大主、砂田、豫て手配り致せし通り、美里から越來、具志川、與那城、勝連と、各間切を順次にしのび尋ねん。（美里以下の四間切は皆中頭地方の中にあり、越來は那覇を距る六里廿二町、具志川は八里二十町、與那城は九里十八町、勝連は九里なり、）

立「とう〳〵御供《おとも》しやべら。

イザ御供致そてござりませう。

進撃の歌。
尙是優柔、

三人打ち連立ちて蹈りつゝ舞台に出つ、此間
幕内にて「クドチ節」ト名つく道行の歌を唱ふ。

歌「命《いのち》かぎりれ出《んぢ》立《たち》に、ありしさまかれあみ笠《かさ》に、ふかく
面《おもて》をかくしてぞ、久《ク》志《シ》れ山《やま》路《みち》もち出《んぢ》て、行《ゆち》は程《ふど》なく金《チ》武《ン》
れ寺《てら》、御《う》宮《みや》立《だち》よひ伏《ふし》拜《おが》て、南《な》無《む》や觀《かん》音《のん》大《たい》菩《ぼ》薩《さつ》、慈《じ》悲《ひ》の心《こころ》や
千《チ》代《ヨ》松《マツ》に、急《いそ》ちひちーやーあしたぼりてい、心《こころ》に念《ねん》して禮《れい》拜《はい》
し、いざや／＼と立出《たちんぢ》て、伊《い》藝《ぢ》や屋《ヤ》嘉《カ》村《むら》行《ゆち》過《す》ぢて、歩《あゆ》みら
にさゑ七《ナン》日《カ》濱《ハマ》、石《イシ》川《カ》もれ川《かは》打《うち》渡《わぜ》て「ヤイ」なまど美《ソ》里《ジヤト》ど伊《イ》
波《ハ》村《むら》に、急《いそ》ぢ／＼て忍《しの》でちやる。

命限りの出立に、つねのさま變へ編笠に、深く面を隱して
ぞ、久志の山路分け出でゝ、行けば程なく金武の寺、寺に立
寄り伏し拜み、南無や觀音大菩薩、御慈悲を垂れて千代松
に、急き合して賜はれと、心に念して禮拜し、いざや／＼と

驚愕滿腔。

立出でゝ、伊藝ややか村行過きて、歩み兼たる七日濱、石川はい川打ち渡り、今ぞ美里の伊波村に、早くも忍び着きにける。（これは久志城より美里に至る間の地名を讀み込みたる道行の歌なり。七日濱は國頭地方金武間切南方の海にあり、砂礫深くして踝骨を沒し歩行捗取らず、因て此名あり。）

砂「され、美里《ンヂヤト》の伊《イ》波《ハ》村《むら》まちちやびさん。

マウシ、美里の伊波村に到着致して厶ります。

「され」とは申しと云ふに同しぐ、貴人に對して呼ひ掛の語なり「ちちやびたん」は「つきました」と云ふ事なり。

久「とう〳〵宿《やど》々《く》みれ數《かつ》や殘《のこ》らぞにしのば。

然らば宿々を殘らず穿索致せ。

「しのば」は「忍ばん」と云ふ事なり。

砂「れがんちゆみやびて。……（此間刀落しと云ふ囃子あり）……

陽に衆を勵ますの辭。

……され、天願《テングワン》の若按司《ワカアジ》とれみないの前《めい》や富盛大主《トモリオホヌシ》のいちどひにとやひ、東思納番所《ヒジヤチンナバンシヨ》に宿《やど》かやいをんて、しれ村《むら》の頭《かしら》から細々《こまぐ》聞《ち》やびさん。

畏ってムります、――　さて天願の若按司と妹御乙鶴様の御両人をば、彼の富盛大主奴か擒に致し、東思納番所に宿り居る由、この村の長が委しき物語り。

「いちどひにとやひ」は「擒に捕へ」、「かやいをんて」は借りて居ると云って」と云ふ事なり。

久「あゝさうと、願《ねが》さしと叶《かあ》てなまの引合《ひちやはせ》や、誠観音《まことかんのん》れ御《お》助《たすけ》どやよる、さう〳〵油《ゆ》断《だん》しやすまん急《いそ》が〳〵。

嗚呼有がたや、宿願成就の今日只今、兩人に對面することを得るも、是れ皆觀世音の御加護の致す處、露油斷すべからず、サ、急げ〳〵。

立「御供《とも》しやびら。

御供致すでムりませう。

「ヤア、東恩納番所《ヒヂヤオンナバンショ》に着《つち》やん、――ヤア砂田《スナダ》の子《シー》、事れびさしちや大事《でじ》あらんたーゆもの、謝名《ジヤナ》の使《つけひ》てやりたしのぢま出《んだ》ち、わんやてまなかひ待請《まやうけ》てをとてまくひ生《いち》やくら切殺《きりころ》ちすてら。

早や東恩納番所に到着せり。――ヤア砂田の子、事を大層に致しては大事の起る基なれば、汝は彼れが主人謝名の大主よりの使者と詐り、不意に呼び出せ、我身は此處に待受け居り、悪つくき奴原切殺し呉れん。

「おびさしちや」は「大袈裟にしては」、「だしのぢ」は「出し抜け」

「をとて」、は「居つて」と云ふ事なり。

砂「れがんちゆみやびて。

畏つてムります。

久「ヤア立川《タチガハ》の大主《オホヌシ》や、勝手《かつて》ゐらしので内《うち》にふみいやひ急《いそ》ち千《チ》代《ヨ》松《マツ》連《ち》れていちようり。

又立川の大主は、勝手より忍び入り、奥に蹈み込み、急き千代松を連れ出し参れ。

兩人「れがんちゆみやびて。

畏つてムります。

砂「ヤア富盛《トモリ》大主《オフヌシ》按司《アジ》がなし御《う》使《つけひ》ま下《くだ》てちーやびたん。

ヤア富盛大主殿、謝名の按司殿下より、至急の使者として下向致してござる。

一言震雷の如し。

富「按司《アジ》がなし御《う》使《つけひ》やさるがやよる。

主人按司殿下ゟ使者として、下向したるは何人なるぞ。

久「ヤア富《ト》盛《モリ》、久《ク》志《シ》の若《ワカ》按《ア》司《ジ》知《ッ》ちれため。

ヤア富盛、久志の若按司よも見忘れは致すまド。

「知ちおため」とは「知つて居つたか」と云ふ事なり。

富「ハアのふ事《こと》一のやよら。

何がなんと

意は「何の事であるか」と云ふ事なり。

これより兩方の主從が暫時の立廻りになり、トゞ富盛は砂田の子が爲めに擒となる

砂「イヤ、惡《あく》欲《よく》のむおひ今《なま》どうみしーゆら、んちーやが〱

惡欲の報ひ今日思ひ知り居つたか、サ如何ぢーや如何ぢーや。

これを合圖に幕内より、天願の若按司千代松、妹乙鶴を引き連れ出て來る、此間樂屋にて「アがり一節」と名づくる歌を唱ふ。

月、雲を破る。

喜絶悦絶、一吽の外復出てず。

就縛の辭は嚴冬の氷の如く、被救の辭は暖春の水の如し。

千「ヤアやち前《めい》よ。

ア、御兄さん。

歌「あけ夢《ゆめ》がやよる。

夢か幻か嗚呼噫し。

「あけ」とは喜び餘つて驚きたる時發する語にして、猶「へー」とか、「オヤ」とか云ふが如し。

千「ヤアやち前《めい》よ謝《ジヤ》名《ナ》大《チフ》主《ヌシ》の謀《む》叛《はん》でとたくて、按《ア》司《ジ》すひんあやめいん殺《ころ》さりよめしーやうち、殘《のこ》る此《こ》の二人《たい》ん殺《ころ》さしよんてやり、野《の》山《やま》から下《くだ》てさがさーしよんてあれは頼《たのむ》方《がの》ねらんやどる方《かた》ねらん、おみないとふたいやちめーいよとめーいて、よしりよる道中にあのやからんざに、生《いち》捕《どり》にとらり殺《ころ》される命《いのち》かなーいーある引合《ひちやあわせ》や夢《ゆめ》がヤ、ビーヲ。

コレ御兄さん、悪逆非道の謝名の大主、謀叛を企て父母共に亡び玉ひ、殘る吾々二人まて、殺しすてんと草を分けて穿索すると。聞きし故、外に賴みと思ふべき人もなければ、妹と二人連れ立ちて、御兄さんを尋ねて行かうとする道中にて、又もこの逆賊等に生捕られ、既に殺さる折からに、御兄さんに御面會致せしその嬉しさ、夢ではないかと思はれます。

「とめいてよしりよる」は「尋ねて參る」、「むざ」は「無殘な奴、」「かないる」は「如何なる」と云ふことなり。

久「ヤア千代松《チヨマツ》ヤア乙鶴《オトツル》よ、按司《アジ》すへんあやめーいん御《ご》運《うん》づちはてゝ、謝名《シヤナ》の手《て》にかゝて殺《ころ》されよめしやうち、あ、口《くち》惜《おし》や殘念《ざんねん》、ヤァ千代松《チヨマツ》よ、なちんてやりちやすが互《たげ》に思《おもへ》切《きり》やへ、急《いそ》ち我《わ》が城《しろ》ま立《たち》戻《もと》て拔とて時《じ》節《せつ》待《まち》請《うけ》て敵《てち》よ打《うち》とらに。

コレ千代松、乙鶴もナ、父母共に御運盡き果て、家來の謝名が手に掛り、御果なされし其の無念さ、イヤナニ千代松泣くなく〳〵兩人共互に思斷念めて、急き我が城に立戻り、時節を待請け敵を打て。

千「ヤアやちゑいよ、よたしやある樣《やう》ま計《はからや》ひたばーはれ。御兄さん宜しく願ひ上げまする。」

「よたしやる樣」とは「宜き樣」と云ふ事なり。

立「アヽれがてなつかしや袖《そで》のなみだ、ヤァ若《ワカ》按《ア》司《ジ》のめいよ互《たげ》ま膽《も》揃《そろ》て御《み》腰《こし》立《たち》をらば、かさち打《うち》とよす手《て》の內《うち》

千代松を慰諭し終りて然る後冨盛の責讓に及ぶ、親疎

ぞややびんる。

ア、話を承り懐かしさの餘り嬉涙が翻れます、時に若按司、かく相互に心を合し、御助太刀致す以上は、敵取る事掌をかへすが如し、御心安く思召せ。

千「よたしやるやうに計《はからや》ひたぼーはり。

宜しく御願申ます。

立「れがんちゆみやびて。

畏つて御座ります。

久「ヤア千《チ》代《ヨ》松《マツ》よ惡《あと》たくもやから生《いち》てうきならん膽《ちも》のあくまゝよ殺《ころ》ちをてり。

ヤア千代松、惡事を企みし奴原、生かゐ置くことゝ相成らす、思ひの儘に打ち殺せ。

の差、愛憎の別、自ら順序あり。久志の奇切、謝名の自滅、悉く此一語より生し來る。

富「ヤア按司《アジ》がなし、願事《ねげこと》のあものれんぬのてたぼり、けふからや心引《こゝろひち》よ改《あらた》めて、夜晝《よるひる》んめだーん働《はたら》かんしゆもの露《つゆ》の身《み》の命《いのち》助《たす》けやりれはり。

アイヤ按司殿下よ、御願申す一儀あり、御聞き届けくたされ、某本日只今より、心を改め、晝夜を分たず御奉公精勤仕るべければ、何卒御助命の儀、偏に願ひ奉る。

「れんぬかてたぼり」とは「御聞きくたされ」と云ふことゝて、「めだい」ハ奉公と云ふ事なり。

久「惡《あく》たくむんぞと膽《ちも》合《あわ》ちれさる罪科《つみとが》のいちやし免《ゆる》ちゆるされか、ヤア千《チ》代《ヨ》松《マツ》、たう〱急《いそ》ち殺《ころ》し捨《すて》り。

惡事を働く無殘の族と心を合す大惡人、免るすこと罷ならん、千代松急き殺し捨てよ。

千代松を捕へる時さ執れ。人を虐するものは自ら愛するを却て深し。

富「ハア押返《うしかへ》し〳〵をとろし〳〵とあすが、さんて願事《ねげこと》やれんのかけたぼり、謝名《ジャナ》が悪欲《あくよく》の罪《つみ》ふかさあすや、兼《かね》てから我身《わがみ》んしまづちとやまそが、あまがしなさけんうけてをるよへに、捨《すて》てすてら〵ん頼《た》んてをやへたる、ハアなまきれる命《いのち》御《う》助《たすけ》のあらば此《この》御《ご》恩《うん》みふーんやんつしわすやびーの、是《せ》非《ひ》よ御《う》情《なさ》けまよるちさばれ。

辭を返しての御願は恐れ多き事ながら、何卒御聞届くださるべし、仰までもなく、如何にも謝名が罪深きことは兼て我身も知りつゝあれど、一旦主人と頼み請けたる御恩もあれば、捨つるにも捨てられず、不本意ながら随從したれど、只今消ゆる此の命御助けくださらう事ならば、是ぞ即ち命の親、何時しか忘却仕らん、是非共御情けに御免しな

再三の强請あるを待ち始めて寛假の意を示す此の寛假を示さんが爲めに先づ恐嚇したる所以。

されてくださりませ。

「心とろしやどあすか」は「恐しくあるか」、「しりじつどやすか」は「知つてはをれど」、「みふいやいつしわすやびか」は「深き何時しか忘れませう」と云ふ事なり。

久「ヤア大《ガホ》主《ヌシ》ヤア砂田《スナダ》の子《シー》、富盛《トモリ》大《カフ》主《ヌシ》の願《ねげ》やよく聞《ちけ》ば、殺《ころ》しうすやしのばらん、膽《ちむ》こりしやあもの、篤《とく》とこのしとや考《かん》げんてたぼり。

イカニ両人富成大主の願を聞けば、ヤミ〳〵殺すにも忍ばれず、心苦しき次第もあれば、篤と一思案致してくりやれ。

「膽こりしやあもの」は「心苦しくあるから」と云ふ事なり。

立「ヤ、按《ア》司《ヂ》がなし、しのやからむざれなまのい言葉《ことば》や

僞《いつはり》とやよるよるち濟《すま》びらん急《そ》ち引《ひつ》立《たて》て殺《ころ》ち捨《す》てやび
ら。

ヤア按司殿下よ、此奴の言葉は皆是れ眞赤な僞り、免し遣
ること宜しからず、急き引立て殺し捨てられよ。

久「ヤア大《オホ》主《ヌシ》人《ひぎ》の生《ち》死《に》にかゝる願《ハガ》事《ご》や、身《み》ゝ上《うへ》ゝ引《ひち》當《あ》て
ゝうもらねばならん、富盛《トモリ》大主《オホヌシ》ゝ露《ちゆ》の身《み》の命《いのち》慈《じ》悲《ひ》よし
ちわみの助けよる上《にへ》ゝの、よて義《ち》理《り》背《うむ》ち謀《む》叛《ほん》企《くはだ》つら、忠
の事《こと》やつく〳〵と了《れ》簡《りう》よされゝ。

ヤア大主、人の生死にかゝる願事は、我身の上に引きあて
ゝ了簡せぬは相ならず、富盛大主の願に從ひ、慈悲を施し
命を助け遣さば、如何に惡心あればとて、何故義理に背か
んや、何故謀叛を企てんや、この儀を深く思はれて、つ〳〵

値に按司の意を悟る。

了簡致してくりやれ。

「うもらねばならん」とは「おもはねばならん」と云ふ事なり。

立「あゝみしやること、命《いのち》より重《うむ》さあるものやあやべらん、ヤア砂田《スナダ》の子《シー》、おひす事《しと》篤《とく》と考《かんげい》てみりば、是《くれ》程《ふど》の御慈悲《ひ》蒙ての上《へ》に謀《む》叛《ほん》企《くわたン》る膽《ちも》のしのばれみ、たうたうつくづくどいやん考《かんかへ》てんでよ。

仰せ如何にも、生命より重きもの此世にまたと候はず、イヤナニ砂田の子、御下知の趣篤と了簡致して見れば、斯くまでわつき御慈悲を蒙り、ヨモヤ此方に弓引く心もあるまじ、貴殿も篤と了簡あつて然るべし。

「おひす」とは「仰せ」と云ふ事にて、「いやん」とは汝と云ふ事なり。

砂「ヤア按司がなし、ヤア大主、おひな事俄に決断やならん、籠舎しち置てまつ考てみやびら。

アイヤ按司殿下、立川の大主、かゝる大事を俄に決断を致し難し、暫く彼を牢舎に閉ち込め、緩々了簡致すでござらう。

久ヤア砂田の子、富盛大主の命助けやひ、敵打つ計頼みぶしやあもの、おのことやわ身に打まかちくれよ、たう〳〵疑てやそまん、わが下知のごとに急ち解ち免す。

如何に両人、彼れが命を助け敵を打取る計略を頼まんと存ずる某が心底、是非に此身に打ち任せ、疑念を晴らし急き縄解き免し遣せ。

「ぶしやあもの」とは「欲しいから」と云ふ事なり。

「れがんちゆみやびて。

畏ってムります。

富「アヽ尊《とう》と命さすけたる此御恩めへや胸にうみ染《す》めて膽《ちも》にうみとめて、夜《ゆる》晝んめでれ膽《ちも》ん膽ろいて、百とわき兆わやれがてすてやびら。

アヽ有難や、命を助けて下されし御厚恩、胸に染み膽ミ銘し、晝夜奉公に油斷なく、子々孫々に至るまて、拜戴なして露忘却な仕らじ。

「うみ」は「思ひ」と云ふ事にて「めでい」は「奉公、」「百とわり兆わり」

け「百年兆年」と云ふ事なり。

久「ヤア富盛《トモリ》大主《ヲフヌシ》謝名《ジャナ》が悪《あく》欲《よく》の罪《つみ》ふーのさあすや、天願《テングワン》の接《ア》司《ツ》れ御情やふりく、身《み》にあまるまでん蒙むやれとて、謀叛《むほん》企《くわだ》ちやひ生樂《いちらく》よ好《の》て、罪科《つみとが》のれちやし凌《しの》ちしのがりゟ、ヤア富盛大主《トモリオフヌシ》天《てん》の御助《おたすけ》ゟ神《かみ》の引合に、謝名《ジヤナ》の頭役川崎《カワサキ》の比屋《ヒヤー》が、謝名《ジヤナ》共と朝夕《あさゆさ》酒と色好、百姓したげやひうぐれ日《ひ》にまさて、御萬人《うまんちゆ》のまぢり鳴ようらみとて、こり歸《にへ》ち本の御代《みよ》まちやひをもの、時節《じせつ》計ひ謝名《ジヤナ》が首取やい、天願《テングワン》の御耻《うはぢ》すゝぎあげらてやり、文のがよわしに内通《ないつう》のあもれ、大主《オホヌシ》や急《いそ》ち立戻《たちもど》てゟらに、川崎《カワサキ》の比屋《ヒヤー》ぞ二人《たい》のたらやれ、敵《てち》打《うちゆ》る事《こと》に内通《あいつう》よされゝ。

如何に富盛、謝名が惡逆の大罪ある、天願の按司より身に餘るまでの深き恩義を蒙りながら、謀叛を企て、主人を殺し、罪ある身を以て安樂に世を送らんとは愚か〳〵、コレサ富盛大主、天の助、神の救護を以て、謝名の大主の頭役川

亦禱に以
爲く大願
成就。

崎の比屋より内通あり主人謝名が朝夕酒色を好み、下人民を虐げ、驕り日々に増長すれば、百姓の者どもは恨みに怨み、時節を計り顛覆なし、元の天願の御代にせんと旱に雨を望むが如し、大主が運命も盡果てたれば、時節を待つて謝名が首打取り、天願の按司が會稽の耻辱を雪がんとて、書簡を以ていひ越したれば、貴殿は急ぎ立戻り、比屋と両人心を合し、打取る手筈を内通せられよ。

富「れがんよゆみやびて。――ヤア立川《ダナカワ》の大主《オフヌシ》、川崎《カワサキ》の比屋《ヒーヤー》がなまの六とやゑば、謝名《ツヤナ》が首《くひ》取《と》よす疑《うたげい》やねらん、ヤア大主《オフヌシ》、我身《わん》や立戻《たちもど》て謝名《シヤナ》に返答《へんとう》や、天願《テングワン》の若《ワカ》按司《アジ》や久志《シ》の按司《アジ》頼《たのは》て、萬事《はんじ》敵《てち》打《くちゆ》る手《て》組《くみ》しよーんてやり、かたへどもすらば、謝名《ツヤナ》の大主《オフヌシ》や、さわぢれとろちーやひしめーのある筈《はづ》れの時に立川大主《タチカワオフヌシ》と砂田《スナダ》の子二人《シタイ》や、つわもののよつれて金武《チン》の嶽《たけ》なかれ、伏《ふし》よやくりとて謝名《ジヤナ》がはたじるし、伊藝屋嘉《イツヤカ》のあたり走《はせ》通《とう》る時分《じぶん》、一時《いちとき》ま出《んち》て進《すゝ》も道《みち》塞《ふさ》ぎ、息《いち》もつろさすま火攻《ひじめ》よされゑ、又川崎《カワサキ》と我身《わん》や、謝名《ナ》か引《ひち》歸《かへ》ち逃《にげ》よれしよらば、後《うしろ》とりのくて殺《ころ》ち捨《す》てら。

畏つてムります。——如何に立川砂田の御両所只今仰せありしが如くなれば、謝名が素首打取る事疑ひなし、拙者は是より立戻り、謝名に面談な致し、天願の若按司は久志の若按司を頼み、敵打取る萬事の手筈、既に定まり候と申聞けなば、主人、大主驚き狼狽ね、攻め掛け來らんこと疑なし、其の時立川砂田の御両所は、兵卒を引連れ金武間切の山中に伏し隱れ、謝名の旗印伊藝屋嘉の邊りに通り掛る折を合圖に、一時に出でゝ進む道を打ち塞ぎ、息もつかさず火責に致すこと然るべし、若し又謝名が引歸し逃げ去る事もあらば、我と川崎の両人其の後より取り圍み、見事に殺し捨てるでムらう。

立「ヤア富盛《トモリ》大主《オホヌシ》、なまのことやりばはくらしやとあよる。謝名《シヤナ》の首《くび》とよす疑《うたげい》やねらん、たんてこの事《と》や計《はからや》へたばれ。

ヤア富盛大主、只今貴殿の言はるゝ如くなれば誠に恐祝謝名の首を打取る事疑なし、この事然るべう計り賜へ。

久「ヤア富盛《トモリ》大主《オフヌシ》、なまのことやりれふくらしやとあよる、川崎《クワサキ》乃比屋《ヒーヤー》と二人《たい》かたらやひ、細々の事や内通よされり。

遂に按司の意を悟らす、尚

ヤア富盛大主只今御身の言はるゝ如くなれば兎も角も御身は川崎の比屋に相談整へ、委細此方へ内通あれ。

富「れかんちゆみやびて。……ヤア按司《アッ》ぅなし、この事《こと》いへん油断《かた》しやならん、たう〳〵御《う》暇《いとま》よしやびら。

畏つてムります。……按司殿下より依頼を受けし一條、油断な致されず、一時も早く御暇申さん。

久「たう〳〵ちもんちも添《そへ》て働《はた》らちやれくりよれ。注意の上にも注意致し天晴働き見せられよ。

富「おがんちゆみやびて。

畏つてムります。

さ富盛幕内に入る。

砂「ヤア按司がなし、富《ト》盛《モー》大《オホ》主《ヌシ》の謝《ジヤ》名《ナ》の恩《をん》情《じや》やかさる歟《かい》

富盛の奸を察せず

しらん身《み》に請《うけ》てをりは、たとひ寸々《すん〲》にきざまりやしちん、謝名《ジャナ》に打背《うちそむ》ちのよて降《くだ》やひの、今《あま》のい言葉《ことば》や偽《いつはり》とやよる、急《いそ》ち追《おつか》つけて殺《ころ》ちすてやびら。

ヤア按司殿下よ、富盛大主は謝名の情けを蒙り居ること中々一通りの事にあらず、されば例令其身を寸々に斷まるゝとも、謝名に背き降參することと思もよらず、只今彼が申せし言葉皆是れ偽りに極まりたり、急き追かけ殺し捨てん。

「かする數しれん」とは「筭ある數を知らす」といふ事なり。

めくぎを濡し既に立たんさする所を

立「ハア〱しばしまて、ヤア砂田《スナダ》の子富《シート》盛《モリ》大《オフ》主《ヌシ》のいつとりの上《うへ》に、ぬちかへち打《うち》る御計《うかたい》どやよる。

奇中の奇。妙中の妙。鬼神も亦三舍を避くべし

砂田氏暫くまたれよ悪逆非道の富盛大主を助け遣りしは、彼が僞りの上をかいたる御計畧。

「ぬちかへち」とは「だしぬけ」と云ふ事なり。

久「ヤア砂田《スナダ》の子《シー》、大主《オフヌシ》のいやれるゐと、富《ト》盛《モリ》大主《オフヌシ》の、ふくてをる事《こと》や合點《がでん》とやよる、つわ者《もの》のはじまゑ金武《チン》だけにやらち、千《チ》代《ヨ》松《マツ》とわ身《ん》や城《しろ》元《もと》ま殘《のこ》ち打《うち》とらんてやゑ、巧《たく》てをるゐとや、い言《こと》葉《ば》の色《いろ》にあらはれてをてと、僞《いつわり》の上《うへ》に計廻《はかりごとめぐ》らしやひ、ぬきかへち打《うつ》る分《ふん》別《べつ》とやよる、また、川《カハ》崎《サキ》の比《ヒー》屋《ヤー》や人《びと》ますぐりたるつわものよやれば、あとあとの障《さわ》りあゑ生《いち》て置《お》くからや謝名《ジヤナ》に打《うち》勝《か》つはりらひやならん、ゐの事《こと》と一《いち》期《だ》氣《ち》にりゝてをてと、謝名《ジヤナ》の手《て》にかきて殺《ころ》さすんともて、富《ト》盛《モリ》大《オフ》主《ヌシ》やだゐぬちにぬぢや

富盛、砂田の察する處を察せず、砂田、立川の悟る所を悟らず、立川の辛ふドて知

る。

アヤ砂田の子、大主の言はるゝ通り、富盛が言ふ事僞りなりとは篤と合點致し罷在る、我が軍兵を悉く金武山中に遠け置き、千代松と此身をのゝ城に殘し、不意を打たんの計畧は彼が言葉にあらはれたり、されば彼が僞りの計の裏をかいたる我計畧、加之、川崎の比屋は八並勝れし武者なれば、彼れを此世に生け置ては謝名に打勝つ事覺束なし、これのみ心にかゝりたれば、謝名の手に掛け彼れを殺させんと存ド、態と富盛大主を出し抜きたり。

砂「ハア、なまの御計《はかれ》のある事《こと》やわ身のゝねて夢《ゆめ》程《ほど》ん志ちんあやびたん、……ヤア按司《アジ》がなし、此《こ》の事《こと》やいへん油斷《たん》しやすまん、片《カタ》時《チヰ》ん急《いと》ち城《しろ》に立《たち》戻《もど》て、敵《てち》よ待《まち》請《うけ》る計《はかりごと》

る所、富盛如何ぞ夢想するを得ん。

よしやべら。

かゝる御計畧のありしとれ夢聊か存ド寄らず。……イカヨ按司殿下ヨ、此の事些も油斷な致されまじ、片時も早く歸城なし、敵を待ち請け打ち取る御計畧。

「しちんおやびたん」とは「しらすにおつた」と云ふ事なり。

久「さう〳〵急《いそ》が〳〵。

如何にも、サア〳〵急げ〳〵。

是より主從三人幕内に入ろ、後謝名の大主家來平田子を引き連れ舞臺の正面より出て來り。

謝「ヤア平田《ヒラタ》の子《シー》、川崎《カツサキ》の比屋《ヒーヤー》や敵《でち》と肝《ちむ》合《あわ》ち、謀叛《むはん》企《くわたちや》び内《ない》通《つう》よしゆるやから、生《いけ》て置《お》ちならんむんしまでちやうれ。

ヤア平田、川崎の比屋は敵と心を合し、謀叛を企て内通致し居る由、命を助け生かし置くことを罷ならぬ搦め取りて参らうぞ。

平「れがんちゆみやびて。

ハツ、畏つてムります。

平田急き足ニて幕内ニ這入る、暫時あつて川崎の比屋を高手小手ニ縛め來り、花道ニて。

平「御《う》萬《まん》人《ちゆ》のまぢりたによ聞《ら》ちとめれ、此のやからむさと御《ぎ》主《しゆ》人《じん》に背《たむ》ち、謀《む》叛《ほん》しよる科《とが》ニ殺《ころ》さしよめしやーいんたう〳〵急《いそ》げ〳〵。

如何に人々承れ、此れなる逆賊は御主君に背き、謀叛企てたる罪により、向後の見せしめ刑罰に行ひ呉れん、サヽ急げ〳〵。

「まぢり」ハ「皆々」「だに」は「次第」「めしやーいん」は「見せん」と云ふ事なり。

先に富盛の久志に會をるや寧ろ惜愕し、今川崎は則ち寧ろ憤激す、語似て意異なり。

冨　ヤア平田《ヒラメ》の子《シー》。
ナント平田。

平「イヤもの事《くと》のうぶさ急《いそ》げ〳〵。
物事言はずに急げ〳〵。

此のうち舞臺に來り

居ちやうれ〳〵。……されて川崎《カワサキ》の比屋《ヒヤー》しまてちやーびたん。
坐りおらう。……仰に從ひ、川崎の比屋を搦め取りましてムります。

謝「ヤア川崎《カワサキ》、いちやるむとやとてわか恩義《おんぢ》忘《わすれ》て、敵《てち》と膽《ちも》合《あわ》ち謀叛《むほん》企《くわたち》か。
イカニ川崎、何故あつて我が恩義を忘れ、敵と心を合せ、謀

之を千代松の富盛に辨するに比すれば、語氣更に剛直なるを見る。

富盛の千代松を捕ふるや殿、久志の富盛を賞むるや壯、謝名の川崎を責る

叛を企てたるや。

「ヤア按司《アジ》かなし御《ご》主《しゆ》人《じん》の御《ご》恩《おん》海《うみ》よりも深《ふか》く山《やま》よりも高《たか》く、思《おも》てれる己身《み》の、のよて悪《あく》たくて謀叛《むほん》企《くわだて》よか、神《かみ》佛《ほとけ》かけて僞《いつわり》やあやびらん、たんでつく〱と思てたぼり。

アイヤ按司殿下よ、主君の恩は海より深く、山より高しと思ひ居る此身が、何故あつて悪計を巧み叛逆を謀るなとの所爲あらんや、神や佛に誓を立て僞り申し上げませぬ、何卒篤と御判斷の儀願はしう存します。

謝「イヤ胸《むね》や悪《あく》たくて口《くち》に花《はな》さかち、島國《しまぐに》のやから生《いち》て置《おく》ならん、急ちひち立《た》て殺《ころ》ちゝやうれ。

ム、イヤ、胸に針を貯へ口に花を咲かする逆賊、生けて置く

千代松の縛に就くや死を決して益々勵丨、川峙の死ょ臨むや、終始其の剛な改めず、是れ心な身後ょ置くさ置かざるさの差。

や酷、三人三態。

こと相成らず、急に引立て殺し捨てよ。

「島國のやかう」とは猶「田舎漢」と云ふが如し。

川「ア、口《くち》惜《おし》しや殘《ざん》念《ねん》、ヤア富盛《トモリ》大主《オホヌシ》、落《おつ》る此《こ》の首《かうべ》や惜《お》さ
又《また》ねらん、あね｜あるてち方《かた》に打《うち》よたまされて、主人《しゆじん》かた
くつらあまた御《う》萬《まん》人《ちゆ》の、やかてやみ〳〵となよらとめ
ば。

嗟々口惜や、富盛大主、落つる首は惜しからねど、敵にだまされて主人は勿論、數多の人々、頓てやみ〳〵なり行くと思へば、それが殘念、やな｜。

「かたくづら」とは「始めとして」と云ふ事なり。

謝「いや押《うし》返《かへ》し〳〵過言《くわげん》しよるやかう。とても一《ちゆ》刀《カタナ》に切《きり》
殺《ころ》ちすてら。

ム、イヤ、重ね〳〵の無禮過言悪き奴、寧そ一刀に切り殺し
呉れん。

平田立上りて川崎の首を切り落す

平「ヤア按司《アジ》かなし、謀叛《むほん》しよるやから殺《ころ》ち捨てめしやうちわすた供《とも》つれんはくらしやどあやべる。按司殿下よ、謀叛を企てたる逆賊を殺し捨てたる上からには、家來の吾々迄安堵致してムります。

謝「ヤア大主《オホヌシ》、ヤア平田《ヒデタ》の子《シー》、久《ク》志《シ》の若《ワカ》按《ア》司《ジ》やすくり者《もの》てやり世界《せけ》の取沙《さ》汰《た》にちもさわきをたん、ハア、うもた事《こと》叶《かな》てなまのちとやりは、一《ちゆ》皷《つゝみ》に打《うち》取《とゆ》す疑《うたげい》やねらん、けふ明《あき》る廿日《はつか》よかる日《ひゆ》でもの、久《ク》志《シ》の城《しろ》元《もと》に軍《いくさ》押《うし》寄《よせ》て、二人《たい》の按司《アジ》打《うち》果《はて》ちわちもやすさ。

アイヤ両人、久志の若按司ハ人並のものにあらずと、世の風聞に心を痛め居たりしに、思ふ存分手段を得て只今の如くあれば、一擧に打取る事疑なし、明る二十日は諸願成就の吉日なれは、久志の城下に軍勢を押寄せ、両人若按司打ち果し枕を高くせねばならぬ。

富「れがんちゆみやびて。ヤア按司《アジ》がなし、久志《グシ》の若按司《ワカアジ》と約束《やくそく》のでとに、内通《ないつう》の書状《しよじよう》のちよ調《とゝ》やひ、急《いこ》ち夜通《よとう》しにもさちやらしやびら。

畏つてムります。……按司殿下よ、久志の若按司と約束致せし如く、内通の書状書き認め今宵の中に少しも早く、持たし遣すでムりませう。

謝「さう〳〵急《いそ》が〳〵。

第四段

僞を以て僞を受く却て是れ眞。

サヽ急げ〳〵。

雨入幕内ヘ入る、代つて久志の若按司大勢の家來を從へ舞台に出で來り。

久「ヤア千《チ》代《ヨ》松《マツ》、富《ト》盛《モリ》大《オホ》主《ヌシ》の只今《たゞいま》の使《つかへ》に、けふ明《あゝ》る廿日《はつか》軍《いくさ》寄《よせ》よもの、約《やく》束《そく》のことま金《チ》武《ン》の嶽《たけ》中《なか》ひ、伏《ふし》勢《せい》よしちよてまちかけれてやり、内《ない》通《つう》の文《ぶん》やこりとやよる。

ヤア千代松、富盛大主より只今遣されたる使者の口上明る廿日を以て軍勢押し寄する手筈なれい、約束の通り金武の山中に伏勢を設け待ち請居れとの趣、内通の書簡は卽これに。

千「ヤアやちめいよ、なまのことありははくらしやとあよる。よたしやある様《やう》に御《う》計《はかれ》よめしやられ、ヤア大《オホ》主《ヌシ》。

部署の法一ゝ是富盛の贈品。

コレ御兄さん只今仰せらるゝ通りなれば誠に嬉しうござります、此上共に宜しく御願ひ申上まする、コレ立川大主。

立「ヤア按司《アジ》がなし、此《く》の文《ぶん》よ見《み》れば御《う》計《はから》のおとま、川崎《カワサキ》の比屋《ヒヤー》や大主《オホヌシ》の手《て》にかゝて、殺《ころ》さりよしちやす疑《うたげ》やないらぬ、ハア川崎《カワサキ》の比屋《ヒヤー》がなまろおとやりば、敵《かたち》打《うち》取すす手《て》の内《うち》とややびいる。

ヤア按司殿下よ、此の文通によれば、御計略の通り川崎の比屋は既に謝名の手に掛り殺されし事疑なし、さすれば敵打取る事別に仔細も候はず。

久「ヤア大主《オフヌシ》、急《いそ》ちうれ〳〵の手《て》組《くみ》いへ渡《わた》さ。

ヤア大主急ぎ夫れ〳〵手分け致さん。

立「れがんちゆみやびて。

畏つてムります。

久「ヤア伊《イ》豆《ヅ》味《ミ》下《シモ》庫《ク》理《リ》も金《チ》武《ン》のさけ中《なか》へ薄《うす》煙《ちむり》立《た》て、伏《ふし》勢《せい》の様《やう》子《す》てちよめしれ。

ヤア伊豆味下庫理、卿は金武山中に罷越し、薄煙を立て敵陣に伏勢ある様示すべし。

伊「れがんちゆみやびて。

ハア。

久「ヤア砂《スナ》田《ダ》の子《シー》や、本《ほん》門《もん》の東《ひがし》山《やま》中《なか》に深《ふか》く、伏《ふし》よこのくりとて謝《ジヤ》名《ナ》の大《オフ》主《ヌシ》が、東《ヒジヤ》原《バル》よ望《のぞ》て逃《に》げや走《はし》らば、一《ひち》時《ばち》よ出《んぢ》て殺《ころ》しすてれ。

ヤア砂田の子、卿は城門の東山中に深く伏し隠れ、謝名が東原をさして逃げ走る事もあらば、一時に飛び出て殺し捨てよ。

砂「れがんちゆみやびて。
ハア。

久「ヤア濱《ハマ》崎《サキ》の比《ヒー》屋《ヤー》や、久《ク》志《シ》岳《たけ》に深《ふか》く伏《よし》よろくれとて、謝《ジャ》名《ナ》が西《ニシ》宿《シユク》に遁《に》げよ走《はし》よらば、ずゝも道《みち》はさぎ殺《とる》ちすてれ。

ヤア濱崎の比屋、卿は久志の岳中よ待伏致し、謝名が西宿に遁け走ることもあらば、進路を塞ぎ殺し捨てよ。

濱「れがんちゆみやびて。
ハア。

久「ヤア外《ホカ》間《マ》の子《シー》や、城《しろ》ん南《みなみ》の小《こ》林《はやし》にふゝく、伏《よし》よかくれとて謝名《ジヤナ》が軍勢《ぐんせい》の城《しろ》の門内《もんうち》よほみ入《い》る時分《じぶん》相圖《あいづ》の鐘のならば後《うしろ》からしめり。

ヤア外間の子、卿は城南の林中に隠れ居り、謝名の軍勢城門内に蹈み入る時、合圖の鐘に猶豫せず、敵の後陳より攻め亡ぼせよ。

外「れがんちゆみやびて。

畏つて厶ります。

久「ヤア立川《タチカワ》の大主《オノヌシ》や本門内《ほんもんない》に忍《しの》ひかくりとて、謝名《ジヤナ》が門内《もんうち》にはめ入《いゆ》し見は、七重八重かくて殺《ころ》ち捨《すて》り。

ヤア立川の大主、卿は城内に忍び隠れ、謝名が門内に蹈み入るを待ち合せ、七重八重におつとり巻き、急き打ち殺せ

立「れがんちゆみやびて、

畏つてムります。

久「又《まて》千《チ》代《ヨ》松《マツ》と己身《ん》や、時《とき》の聲《こゑ》よ聞《きか》ば物見《ものみ》走《はせ》登《のぼ》て、敵《てき》の軍《ぐん》勢《ぜい》さそいいれら。

又千代松と我身は敵軍の上げたる吶喊の聲聞かば、物見合に馳せ登り、敵の軍勢を門内に誘ひ入れん。

一同「れがんちゆみやびて。

委細畏つてムります。

久「ヤア千《チ》代《ヨ》松《マツ》、手《て》配《くはい》ん濟《すま》ちはくらしやとあよる、習《なれ》とゝる手《て》並《なみ》ふり立《たて》て見《み》しれ。

ヤア千代松、合戰の手配既に調ひ、めでたし〱。ナント我が平常習ひ覺えし長刀の手並、序に一ふりさばきて見しやれ

勇壯。

此時幕内にて「アケツクテロン節」と名つくる歌を唱ふ、歌に連れて天願の若按司長刀を振り廻しつゝ舞踏をなす。

歌「朝夕《あさゆ》さしなさる長刀《なぎなた》のふさき、敵《てき》の首筋《くびすぢ》よさゝなれちーよめ。

朝な夕なに嗜みし、鋭き刀の鋒尖を、敵の謝名が細首に突き立てずしておくべきか。

久「ヤア千《チ》代《ヨ》松《マツ》、振りさちよすみりばかくらしやどあよる城《しろ》に立戻《たちもど》て敵《てき》よまたに。

ヤア千代松、長刀のさばき天晴〳〵。急ぎ城内に立戻り、寄せ來る謝名が軍勢待たん。

平「れがんちゆみやびて。

畏つてムります。

第五段。

火を望んで翹を皷す、飛蟲の愚。

自他顚倒。笑喰千万、

是より久志の若按司は、天願の兄と妹を引き連れ幕内より入る後直に謝名の大主、富盛其他の家來數多引連れ出て來り、花道宜き所にて。

謝「ヤア〳〵時《とち》うつち濟《すま》ん急《いそ》が〳〵。

ヤア〳〵時刻を移さず急け〳〵。

富「れがんちゆみやびて。

畏つてムります。

謝「ハア、金武《チン》の岳《たけ》見《み》れは薄《うす》煙《ちむり》立《たち》うん、伏《ふし》勢《せい》の様《やう》子《す》疑《うたげい》やねらん、たう〳〵急《いろ》が〳〵。

ハア金武岳の方に當り薄煙の立川は、必定伏勢あるに疑なし、サ、急げ〳〵。

富「ハア、欠《ク》志《シ》の若《ワカ》按《ア》司《ジ》ん運《うん》の末《すゑ》やたら、わが計《はかり》事《ごと》に心《ところ》打《うち》よるちあり〳〵御《う》見《み》懸《かけ》り、本《はん》門《もん》のひらち𢪸やびん、急《いそ》ち走《はし》よやひ時《とち》の聲《こゑ》よあげら。

同等の愚評ぞ。

此内舞臺へ來り。

千「ヤア久《ク》志《シ》の若《ワカ》按《ア》司《ジ》富《ト》盛《モリ》大《オフ》主《ヌシ》のいつはりまいちやる、い言《くと》葉《ば》誠《まこと》實《じつ》ともてをさら、こゝろよく急《いそ》ち首《くび》よ渡《わた》す。

ハア久志の若按司も最早運の末なる哉、わか計畧に心を許し、アレ〳〵アレを御覧遊ばせ、本城の木戸開きあり、急き走せより何れも時の聲御上げ召され。……………アヽ久志の若按司、富盛大主が敵を欺く苦肉の計畧、我が言ふ事を誠と思ひ、心許せし嗚呼の痴者、急き快く首を渡せ。

久「ヤア富《ト》盛《モリ》大《オフ》主《ヌシ》僞《いつわい》のさくみ夢《ゆめ》程《ほど》んしらん、つはものまぢり金武《チン》岳《ダケ》にやらち、こ の城《しろ》の內《うち》や千《チ》代《ヨ》松《マツ》と二人《たい》たゝかわんすりは力《ちから》及《およ》ばらん、あゝ口《くち》惜《おし》や殘《ざん》念《ねん》。

ヤア富盛大主、僞りの計畧なりとは夢知らず所有る武士

逆將の眞面目。剛果尚是嘉すべし。

は金武嶽に遣し置きたれば、城内に殘るは我れと千代松只二人、戰はんにも、力及ばずァヽ殘念や口惜やナア。

謝「ヤア急《いそ》ち責《しめ》いやい切《きり》殺《ころ》ちすてら。

ヤア急ぎ攻め入り切り殺し捨てよ。

群る多くの軍勢、勢きつて門ま入る、これより暫時の間「ヒヤヒ」「ヤヒ」の掛聲を合圖ま、互ま呼びあひの立廻りあつてトド、謝名富盛の兩人を縛め、舞臺の眞中に連れ來りて。

久「ヤア謝名《ジヤナ》の大主《オフヌシ》あの按司《アジ》の計《はかり》でとしぶんあたみ。

ヤア謝名の大主、あの按司が計畧心着かずに居りしよナ。

「しらんあたみ」は「知らざるにありたらう」と云ふ事なり。

謝「ハア謝名《ジヤナ》程《ふゐ》の名《めい》將《せう》ん運《うん》の末《すゑ》やたらわが謀《はかりごと》に川崎《カワサチ》ん殺《ころ》ち、うーのさちの手《て》まーのゝて生《いけ》捕《とり》にとぶり、武士《ぶし》の恥《ち》辱《ぢよく》面《めん》目《ぼく》ねらん、さう〳〵あゝろよく急《いそ》ち首《くび》よ渡《わた》さ。

富盛の迂腐謝名の果敢相依りて此の敗續を見ろ今日の事天にあらず實ま自ら招く處。

ハア謝名程の名將も運の末是非もなし、汝が計畧に陷り川崎を殺し、加之敵の手に生擒せられしは此上もなき武士の恥辱サアく快よく首を渡さん、少しも早く首打たれよ。

久「ヤア富盛《トモリ》、十《と》度《たひ》生《いち》捕《た》ゆる十度《ゝたび》とちゆるちゑの按司《アジ》にむかて弓《ゆみ》鸞《ゆか》んてやり、たくてある褒美《はうび》殺《とろ》ちとらしうもの、ありがたさをもてあのよとつけ。

如何に富盛十度生捕り十度解き免るすこの按司に向ひ弓鸞んと企みし其褒美、イザ殺し取らせん、有難く心得極樂淨土に往生致せ。

富「アヽ、武運《ぶうん》つちはてゝ生《いち》取にとらり、武士《ぶし》の身《み》の名《な》折《をれ》面目《めんぼく》んねらん。

ア丶、武運盡き果て、敵の手に擒られたる武士の名折ア丶
面目次第もムりません。
謝「いや物事《もの こと》んいらん、おゝるよく急《いそ》ち首《くび》よ渡《わた》す。
イヤ何も言ふに及ばず、潔く首を渡せ。
千「ヤア悪《あく》さくむ族《やからみ》、見りややすまらんどても一刀《ちゆかたな》に殺
ちすてら。
ヤア悪逆非道の人非人見れば見る程悪き奴、イデ一刀に
殺し捨てん。
久「ア丶暫時《しばし》まて、ヤア千代《チヨ》松《マツ》おのややからむざの悪欲《あくよく》の
罪《つみ》や、一刀《ちゆかたな》にしちゃ罪《つみ》あさ丶ものゝ、久志濱《クシバマ》に引出《ひちんた》し獄門《ごくもん》
まかけれ。
ア丶千代松暫時まて、この悪逆非道の族一思ひに殺さん

は刑罰軽きに似たり、逆ものの事久志濱の邊に引出して梟首にせよ。

濱「れがんちゆみやびて。

畏つてムります。

久「ヤア濱崎《ハマサチ》の比屋《ヒヤー》國吉《クニシ》れ子《シー》、急《いそ》ち引《ひち》立《た》て籠舍《ちうしう》しめり。

ヤア濱崎國吉の両人これなる逆賊引立て參り、獄舍の中に閉ち籠め置け。

兩人「れがんちゆみやびて。

畏つてムります。

久「ヤアれき〳〵の番《ばん》手《て》油《ゆ》斷《だん》するな。

ヤア何れも張番油斷致すな。

兩人「れがんちゆみやびて。

千代松は言を待たず、久志さ雖も尚是受勤的の人、終始勞ぜず仇敵をして自ら首を致さしむ妙甚し。

畏ってムります。

久「ヤアやち前《めい》よヤア大《オホ》主《ヌシ》、互《たけ》ゝ膽《きも》揃《そろ》てもさらしやるよへに、親《うや》の敵《てき》かさち打《うち》取《と》る今日《けふ》や、過《す》ぎし二《た》とおろんれりしやめしやら。

コレお兄さんも大主も、互ゝ御心合して御骨折りくたされたればこそ、親の敵も打取られ今日と云ふ今日、此世を去りし両親も、嘸かし喜び居られませう。

久「ヤア〳〵、ろさち打《うち》取《と》たるけふのはくらしやうしつれて互《たけ》に躍《おど》て戻《もど》ら。

ヤア〳〵敵打取る今日の喜び、打連れ立ちて祝の舞、躍つて城に立ち戻らん。

此時幕内ゝて「カンヂヤー節」さ名つくる歌を唱ふ、歌ゝつれて躍りつゝ幕内ゝ這入る是ゝて本狂言打ち止めとする

「大風起兮雲飛揚」其の喜躍知るべきなり、願ふ處は善後の策あるのみ。

第六段

歌「うさち打《うち》取《とた》る今日《けふ》のほくらしややゝ天《てん》の白雲《しらくも》に登《のぼ》るばかれ。

親の敵を打取りし、今日の喜び白雲の、天にも登る心地すれく。

琉球浄瑠璃　終

総評

一、第一段の眼目は謝名にあり、其の所作一に是剛質。
第二段は千代松の柔より富盛の剛に入る。
第三段は久志の柔。
第四段は謝名の剛。
第五段も亦久志の柔。
第六段は謝名の剛より久志の柔に入る。
前後六段の間、剛柔相識り以て一篇の趣向を取り、遂に柔能く剛に克つの意を示す。
一、第一、二段は一篇の根底、第三段は其の本幹、第四、五段は其の枝葉、第六段は其の花實。
一、段中の眼目たる人初めて場に上るや、皆自叙の言あり、第一段の謝名、第二段の千代松、富盛、第三段の久志是なり、若し此の自敍に代ゆるに歌曲を以てするを得ば、蓋し更に妙ならん、然れども第三段以下重出の人には曾て此の煩あるを見ず、蓋し其の裝束の同一を利用するに由る歟。

一、第一段の謝名、第二段の千代松、乙鶴、幷にカヽムチヤア節、皆霜雪の苦を説く、而も曾て飯《は》匙倩《ぶ》、蜈《む》蚣《かで》の恐るべきを云はず、之を一種南方の强と稱すべき歟、抑〻人各〻其の無き所のものを恐るゝ歟。

一、第一段の平田、富盛、第四段の謝名、皆世界の語あり、琉球は古常世の國、自ら是別世界。

一、一篇の復讎談、殺氣當に紙面に溢るべし、然るに刄に血ぬるものは第四段の川崎一人あるのみ、第六段謝名を斬らんとして遂に果さず、琉球の士人豈其れ威ありて猛ならざる歟。

一、言を發する殆と必ず先づ「ヤー」と叫ぶ、亦奇なり。

一、卷を終ふるまで一人の婦女を挿まず、情味稍淡きを覺ゆ、乙鶴尙幼、未だ婦女の婦女たる處を見ず。

補綴

一、劇場。　劇場（芝居、躍り屋、遊樂亭など云へる俗稱あり）は那覇《ナハ》東村《ヒガシムラ》字《アサ》中毛《ナカモー》新埋地にあり、東西に長く、南北に短く、觀客凡千有餘人を容るべし舞台は本邦の能、或は神樂舞台の如くにして、方三間の板敷なり、台の後には一面の樂屋を設く、樂屋と舞台との間には、五色の松竹梅を畫きたる幔幕を張り回し、以て假に區劃を立つ、幔幕の左右は舞台に通づる花道にして、此幕中央に老松の立樹を飾る。段切と雖も別に道具を變する

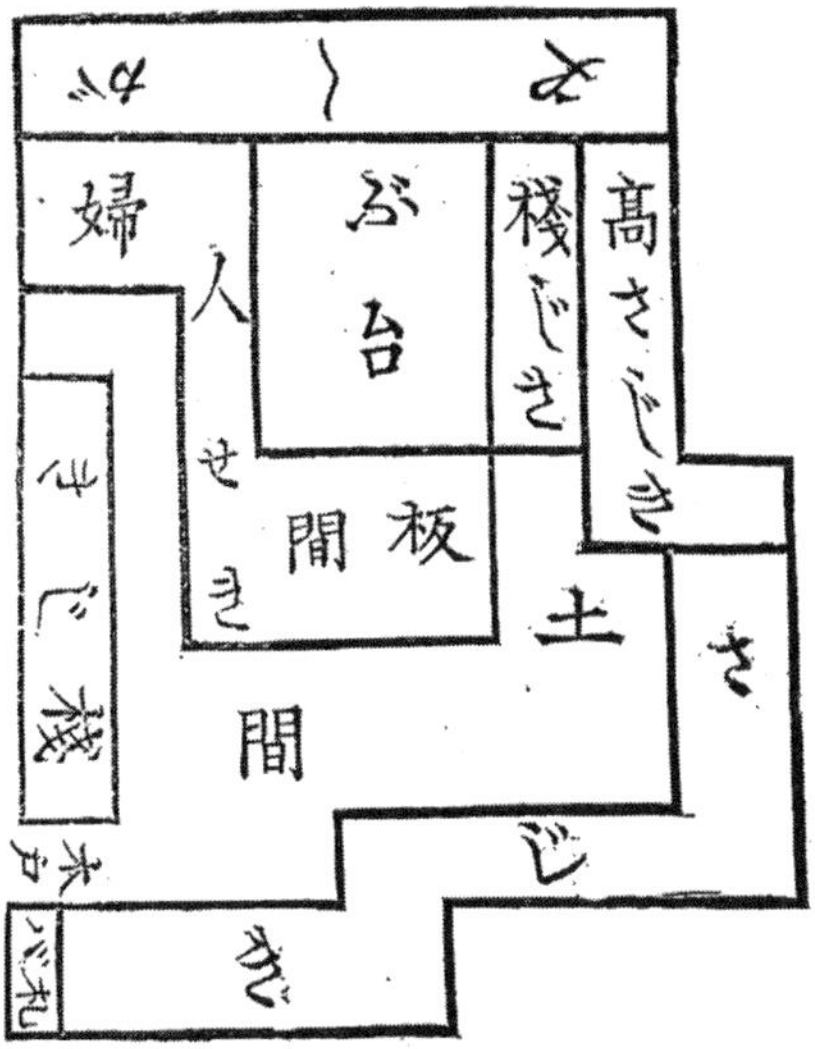

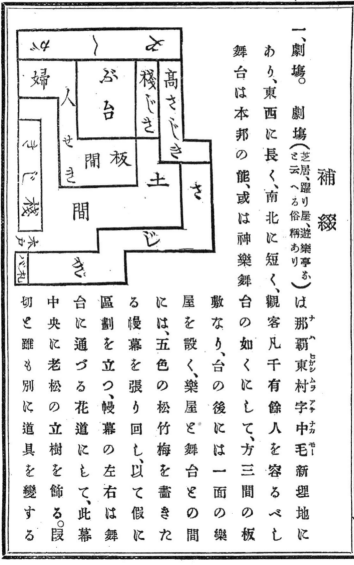

にあらず、又引幕を用ふるに非ず、只戯題を記したる板札を舞台正面の柱頭に掲くるのみ。棧敷土間の設けあれどもさして六ケ敷定めあるにあらず、只一等木戸錢を拂ひたるものハ、棧敷に割り込ミ、二等木戸錢を拂へたるものは土間に割り込むまでの事あり。一等木戸錢金六錢 二等木戸錢金四錢

一、俳優。 俳優は首里、那覇の二邑より出づ、平日は工なり、商なり、各自の職業を勤め居れども、一旦芝居開場の日に至れば、茲に初めて歌舞伎の演者とハ變ずるなり尤男装を扮するの俳優は、通常二十四五歳までを限りとし、女装を扮するの俳優は、二十一二歳までを限りとす、而して彼等の給料は、上等一日金卅錢、中等一日金廿五錢、下等一日金二拾錢の定額なり。

一、樂器　○通例劇場に用ふる處の樂器は、三味線、胡弓、琴《クト》、横笛《ハンソウ》、大《ダイ》鼓《コ》、皷《チヤミ》、銅鑼《ドラ》等の種類なり。

一、演藝。　昔時は國王王位に即くの日、支那より授冠の使者、即、冊封使《サツプーシ》と名つくる使節來りて式場に臨むの例なり此際饗應の餘興として、門閥の子弟其他歌舞に堪能なるものを撰拔して、以て組踊をなさしむ、俗に之を冠船《カンシン》踊《オドリ》と云ふ。廢藩以來此例全く無用に屬したるを以て、彼等は更に俳優として其の鑑札を請け、毎年春秋の二期即チ一期三ケ月間坐主の求めに應じて歌舞を演するとはなれり。

一、歌曲。　本書中、サンヤマ節、カムチヤア節、アガリー節の三節は俗に二上りと云ふものにて、胡弓横笛、三味線の三樂器を以て之に合せ奏し、チン節、七尺節、アゲツクデン節、カンヂヤア節の四節は俗に三下りと云ふものにて、三味線、琴胡弓の三樂器にて之を合せ奏す、只クドチと名つくる一節のみ三味線、大皷、皷、琴、胡弓、横笛等の樂器を以て之に合奏するが故に、本歌舞伎中久志の若按司主從道行の條は殊に壯快の感あるを覺ゆ。

琉球浄瑠璃の後に書す

薩摩《さつま》踊《をどり》のエーサコラササと、頻《しき》りに流行《はや》る潮先《しほさき》へ現《あらは》れ出《いづ》る琉球浄瑠璃《りうきうじやうろり》。三百本《ぼん》のその中《なか》から、抽出《ぬきだ》す久志《くじ》の若按司《わかあじ》は、酸《すい》も辛《からい》もみちの奥《おく》の末《すゑ》の松山《まつやま》、浪越《なみと》えて沖縄嶋《おきなはしま》まで往渡《ゆきわた》る、筆《ふで》のいろは家主人《やしゆじん》が解釋《かいしやく》。是《こ》りや珍《めづ》らしと讀看《よみみ》るに、本條《すぢ》は君父《くんぷ》の讐討《かたきうち》。妹《いもと》をいたはる千代松《ちよまつ》が難義《なんぎ》を救《すく》ひ、一戰《いつせん》に敵《てき》を引寄《ひきよ》せ打滅《うちほろぼ》す、忠孝智勇《ちうかうちゆう》の物語《ものかたり》。彼《か》の弓張月《ゆみはりつき》に隠《かく》れなき鶴《つる》と亀《かめ》との仇討《あたうち》も舊《ふる》き戯題《げだい》に在《あ》りとか聞《き》けば、土地《とち》の氣風《きふう》も自《おのづ》から大和根生《やまとねおひ》の撫子《なでしこ》を移《うつ》して咲《さ》くや、櫻木《さくらぎ》に美《び》談《だん》を遺《のこ》すと知《し》られたり。余《よ》は其脚色《しくみ》を喜《よろこ》ぶのみか、其臺詞《せりふ》の節々《ふしぶし》が國語《こくご》の變化《へんくわ》を徴《ちよう》すべき、好《よ》き材料《ざいれう》とならんと思《おも》へばいろは家主人《やしゆじん》の此《こ》の選《ゑらみ》は、さすが教育家《けふいくか》たる、本分《ほんぶん》にも亦《また》稱《かあ》へりと賛《は》むるを、主人は打《うち》消《け》して、夫《それ》な理《り》窟《くつ》は何《どう》でも宜《よろし》い猫《ねこ》の尻《しつ》尾《ぽ》の跋《ばつ》文《ぶん》より蚪《みづち》の頭《あたま》の題《たい》詞《じ》をば、先《せん》年《ねん》琉《りう》球《きう》の狂言《きやうげん》で毛《もう》國《こく》鼎《てい》に扮《ふん》したる團《たん》州《しう》翁《おう》に托《たの》んだが、其《その》末《ばつ》は何《あん》と(謝《じや》名《な》)と云《い》へば、此方《こなた》も抜《ぬか》らぬ顔《かほ》(按《あん》司《じ》)に及《およ》ばぬ即《すなは》ち此《こゝ》にと懐中《くわいちう》より取《とり》出《た》す一書《いつしよ》、主人は喜《よろこ》び押戴《おしいたゞ》き。満《まん》まと首《しゆ》尾《び》克《よ》く是《これ》さへ有《あ》れバと思入《おもびい》れ。(天《てん》願《がん》城主《じやうしゆ》)忝《かたじけ》ない〳〵。

獨幹敖史戯に草す。

明治廿二年十一月　日出版御屆
同　年十一月　日發行

定價金二拾錢

版權所有

著者兼出版人　福島縣平民　松山傳十郎
本郷區駒込西片町十番地

印刷人　高橋壽太郎
本郷區元町一丁目四番地

發行所　いろは家
本郷區駒込西片町十番地

（巣鴨東洋會行印）

發行所

東京教育社
日本橋區本町二丁目

春陽堂
日本橋區通四丁目

上田屋
日本橋區本石町

解題と解説

茂木 仁史

解題　『琉球浄瑠璃』

組踊研究初期の金字塔

明治二二（一八八九）年一一月、東京・本郷区駒込「いろは家」発行の書籍。四六判で、本書はほぼ原寸通りの復刻である。著者兼発行人、松山傳十郎《まつやまでんじゅうろう》（筆名・いろは）。

組踊「久志の若按司」の台本一編をとりあげ、原文を中心に共通語訳と語釈・役者の動きや地理の説明なども付し、さらに頭注で登場人物の心理なども評す。巻末に作品の「総評」と、「補綴」として沖縄の劇場・俳優・楽器・芸能史・古典音楽などを紹介し、作品のみならず沖縄の芸能の多角的理解を促す読み物に仕立ててある。大和人《ヤマトンチュ》が執筆した大和人のための組踊入門書で、金字塔ともいうべき一冊である。

執筆した人々

【表紙】は、ニシキヘビの皮を張った「三線」の胴が描かれ、署名の下には芭蕉の葉が描かれる。中表紙の「久志乃若按司」の下も芭蕉の葉であろう。また、凡例の後に挿絵が二枚「写画」として掲載される。きやうちやこ《チヨウチヤク》（葛桶《かずらおけ》）に掛けた武将と臣下、及び扇子を持って踊る若衆の絵で、伊波普猷著『校註　琉球戯曲集』所収の「護佐丸敵討」の台本に挿入される草双紙の挿絵写真に似ており、同じ双紙から構図を変えて筆写したものと思われる。表紙と挿絵の画家は、どちらも不明である。

【序】は、美妙齋主人すなわち山田美妙（慶応四〜明治四三年）が執筆。美妙は小説家・詩人・評論家で「言文一致体」「新体詩運動」の先駆者であり、国語辞典の編纂でも知られる。松山傳十郎は、美妙の思想や活動に影響を受けているのではないか。美妙は序文で、「（傳十郎が）久しく琉球で過ごした上の仕事で、文学の眼で評し解したことは余人の出来ぬこと」といい、「海中の一孤島にも文学の花は咲いていた」と作品を讃えた。

【跋】を担当した獨幹放史とは大森惟中（弘化元～明治四一年）の筆名である。大森は工芸史家・劇作家で、著書に「音訓かなつかい教科書」、歌舞伎脚本「秀郷勲功記」などがあり、言葉や芸能との関わりなど傳十郎と相通じる。本書の跋文「琉球浄瑠璃の後に書す」は七五調の口上風の文章で、久志の若按司の物語を洒落混じりに紹介している。「かの弓張月に隠れなき鶴と亀との仇討ちも古き外題にありとか聞けば」とは、『椿説弓張月』作中の鶴・亀兄弟による父・毛国鼎（護佐丸）の仇討が、琉球の組踊にもあるということ。実際は、『椿説弓張月』作者の曲亭馬琴が、琉球編を書くにあたって徐葆光著『中山傳信録』から組踊の人物名を人物設定ごと借用したものと思われる。

その『椿説弓張月』を題材にした歌舞伎「鎮西八郎英傑譚《ちんぜいはちろうえいけつものがたり》」（通称「琉球の為朝」明治一七年、市村座）で「毛国鼎に扮した」という九代目市川団十郎（団州翁／天保九～明治三六年）が、本書の題詞を書いている。揮毫を頼んだ時の顛末が、歌舞伎のセリフさながらに跋文の末尾を飾る。

（題詞の依頼に団州翁の返事は）「なんと謝名《じゃな》」と言えば、「按司（案《あん》じ）に及ばぬ、すなわちここに」と取り出す一書。「天願城主《てんがんじょうしゅ》（念願成就）、かたじけない」と締めくくる。

【題詞】九代目市川団十郎の題詞は、中表紙にある「久志乃若按司」という墨書である。すっきりした文字で若按司の健やかさを感じさせ、芭蕉の葉の上に重ねてある。続く頁も団十郎の字で、「中山」「傳真」「巳丑散日　団州秀題」とある。徐葆光著『中山傳信録』は、「中山（琉球国）の信《まこと》を伝える記録」という意味だが、同義であろう。「巳丑」は明治二二年、「散日」は結願の意味がある。「団州」は団十郎の俳号、「秀（ひでし）」は本名で、「題す」と結ぶ。

【著者】松山傳十郎は、慶応二年に福島県郡山市に生まれた。地元の小学校教員、東京の青山小学校教員を経て、知己を得て沖縄の県立小学校教員（明治二〇年頃か）となる。沖縄の言葉や組踊の知識を深めたのもこの時期だろうが、沖縄も長くは続かなかった。正義感の強い一徹な性格といい、先々で教育の刷新に努めて意見が衝突し、免職されている。

東京に戻ってからは、新聞「萬朝報《よろずちょうほう》」の記者となり日露戦争の従軍記者も務めた。旺盛な執筆活動や編集に携わったほか、東京市学務委員、浅草市学務委員、東京市会議員など教育をはじめ区市の自治や指導に努めた。昭和四年には田端に「女子庭訓学園」を設立。同校は昭和一三年に「田端商業女子学校」と名称を変え、昭和一九年には「扶桑女子商業学校」となるも戦災で焼失した。但し、傳十郎は昭和一〇年に七〇歳で他界している。

著書に、児童書「時ハ金」「御所の園」「小児百人傳」、手紙例文集「普通女文」、法律論文「小学校令の原理及評釈」ほか。編書に「浅草繁昌記」「普通文の綴り方」など。時事に通じ児童教育・女子高等教育に情熱を注いだ様子が、業績や著書から窺える。

大和人が見た、組踊と芝居小屋

「琉球浄瑠璃」という名前は、本土の読者に「組踊のイメージ」を伝える工夫だったのだろう。義太夫が物語を語る「人形浄瑠璃」に擬《なぞら》えて、地謡《ジウテー》が登場人物の心情などを歌い上げる「組踊」を「琉球浄瑠璃」と表現した。その目論見が通じたかはさておき、この冊子全体から、芸能を活字で伝えるという難題を克服するために、あらゆる工夫を施そうと努力した様子が伝わってくる。

【凡例】傳十郎は、組踊のうち「久志の若按司」を選んだ理由について、凡例に記している。

> 琉球国に組躍と名つくる歌舞妓狂言あり。その種類三百以上に達す。而して其の最も著名なるもの五つあり。村原といい、八重瀬といい、忠心《(ママ)》身代巻といい、姉妹讐討といい、久志の若按司という。本書はすなわち此の五大書の一つなる久志の若按司を評釈せしものなり。

〈村原〉は「大川敵討」のことで、〈八重瀬〉と〈忠臣身替の巻〉は同一作品である。ほかに「姉妹敵討」と「久志の若按司」で五大書には一つ足りないが、いずれも敵討物ばかりである。

「久志の若按司」「忠臣身替の巻」「大川敵討」そして「姉妹敵討」は、琉球国の正式な宴でも取り上げられてきた作品で、沖縄本島各地の村踊でも多く取り上げられる人気のある作品である。明治一二年三月に沖縄県が設置され、首里城の士《サムレー》文化が終焉を迎える。『琉球浄瑠璃』の出版は明治二二年で、「世替り」から数えて一〇年であった。士の鑑の物語ともいうべき敵討物が人気を集めたのは、失われていく時代へのノスタルジーだろうか。「姉妹敵討」は女性による敵討だが、新時代への期待があったかもしれない。中でも一番人気の「久志の若按司」を、本書では選択したという。

【補綴】傳十郎は補綴として、巻末に沖縄の芸能の状況を項目別に解説している。明治二〇年頃の様子を知る貴重な情報である。

俳優

俳優は、首里や那覇に住んで平日は職人や商いを生業とし、いったん芝居が始まると俳優に変じる。男役は通常二四～二五歳以下の者、女役は二一～二二歳以下の者が務める、とある。琉球国時代も主に若い士が起用されていたが、ここでは若衆についての記載はない。一日当たりの出演料は三〇銭、二五銭、二〇銭の三等級がある。一方、観客の入場料は一等六銭、二等四銭と記される。

楽器

通例の使用楽器は「三味線・胡弓・琴《クト》・横笛《ハンソウ》・太鼓《タイコ》・皷《チヤミ》・銅鐘《ドラ》等」とある。現代では三味線・琴は「三線・箏」と表記するが、同一楽器である。琉球国時代は、能の楽器「能管・鼓《つづみ》・大鼓《おおつづみ》・太鼓《たいこ》」も使われていた。本書では笛にハンソウ（ファンソー）とふりがながあるので、琉球の笛である。古文書でも「大鼓《おおつづみ》」と「太鼓《たいこ》」の記載が曖昧で判断できないことがあるが、本書では「大鼓《おおつづみ》」は無く、能の楽器では「皷《つづみ》（鼓）」が使われていたと分かる。明治中頃の状況を知る貴重な情報だろう。

演藝

見出しと異なり、芸能の歴史と鑑札の義務の説明である。まず、琉球国時代には中国から渡来する冊封使（新国王の王位を承認する使者）の宴で、門閥の子弟や歌舞に堪能な者が芸能（「冠船踊」）を供した歴史を紹介している。次に、その演者が廃藩以降に俳優の鑑札を請け、毎年春秋の各三カ月ずつ二期、座主の求めに応じて歌舞を演ずる、とある。冠船踊の演者が明治期に俳優となった状況や、公演が春・秋だけであったか、鑑札の制度についても研究が必要である。

歌曲

音楽の説明である。散山節・子持節・東江節を「二揚調子」により「胡弓・横笛・三味線」で合奏すると記す。金武節・七尺節・揚作田節・かんきやい節については「三下げ調子」とあり、それが事実なら現代と大きく異なるが、単なる誤解ではないか。ちなみに、現行では七尺節は二揚で、あとの三曲は本調子で演奏する。さらに、この四曲は「三味線・琴・胡弓」で演奏するとある。現代でも、胡弓と笛で受け持ちを変えて行うが、箏も合奏に加わることが多い。「口説」については「三味線、大鼓、鼓、琴、胡弓、横笛」とあり、現行の編成に加えて「鼓」が入っている。「大鼓」と記されるのは太鼓の誤記であろう。口説は、久志の若按司主従道行で演奏され「殊に爽快の感あるを覚ゆ」と書き留められている。

劇場

明治半ば頃、那覇東村字仲毛新埋地に作られた「仲毛芝居（仲毛演芸場）」について、スケッチ入りで紹介されている。沖縄の芝居は、明治一二年の廃藩置県後しばらくして「叺《かます》」で囲われた掛け小屋からスタートするが、「仲毛芝居」は沖縄で初めて作られた瓦葺の本格建築の劇場であった。但し、その設立年は定かではなく、傳十郎のスケッチは仮小屋時代だった可能性がある。

矢野輝雄『沖縄芸能史話』によると、劇場の設立者は一八六六年の冊封（中国皇帝の文書による琉球国王の承認）で躍奉行を務めた小禄按司朝睦の嫡子・小禄朝亮である。次男は冊封の宴で躍童子をつとめたが、朝亮は武芸の稽古ばかりしていたという。それでも、小禄按司邸で踊りの稽古や「お調べ」という試演会も行われたから、身近に親しんでいたであろう。廃藩になって当時役者をつとめていた者たちの窮状を見かね、邸内の舞台を移築して舞台とした。最初は茅葺きだったが、けっこう繁盛したという。真栄田勝朗『琉球芝居物語』は、仲毛芝居のこけら落しには一八六六年に踊りをつとめた嵩原安宏が出演したと記しているが、本建築に建て替えたときの話かもしれない。

この劇場について『琉球浄瑠璃』では「東西に長く、南北に短く」「舞台は本邦の能、或いは神楽舞台の如くにして、方三間の板敷なり」と記される。歌舞伎用語では、東西は舞台の間口で南北は前後の奥行きを指す。傳十郎のスケッチよりも、客席の奥行は狭かった可能性がある。「舞台の後ろは楽屋で、五色の松竹梅を描いた幔幕が張られている。左右は舞台に通じる花道で、幕の中央に老松の立樹を飾る。大道具を飾らず、引き幕もない」との旨が記される。幕の柄は現代の「紅型幕」に通じる。左右は舞台に通じる花道とあるが、スケッチからは確認できない。幕の左右両端を登退場口にして、そこを花道と表現しただけかもしれない。王国時代の舞台がそのような形式で、さらに舞台後方に橋掛りを備えていたのだが、その橋掛りは見当たらない。舞台中央に松が立てられていること、大道具を飾らず引き幕もないなど、首里城の舞台と出来るだけ同じに再現したのだろう。

前出『琉球芝居物語』では、明治三〇年頃の仲毛芝居のことが記されていて、若干の相違がある。舞台の形状や松の木を立てることは同様だが、舞台と楽屋の境界は「紅白だんだら幕」で区切られ、「舞台と花道の付際にはどうしたわけか半畳ほどの池が作ってあり、その淵には木や竹や寄石を配した築山を築き、池の中には美しい金魚が泳いでいた」という。このセットが、組踊「執心鐘入」で花道から来た若松を、宿の女が手燭をかざして迎える場面に凄みを添えたとも伝えている。

明治二二年に舞台の後ろにあった「五色の松竹梅が描かれた幔幕」は、「紅白だんだら幕」に代えられているが、幕は掛け替えられるから、どちらも使われていたのだろう。分からないのは「花道」の描写の違いである。傳十郎の見た劇場が仮小屋時代だったとすれば、その後、本建築に建て替えられたときに花道が増設され、それに付随して池や築山が造成されたのかもしれない。

観客席については、桟敷は一等席で土間が二等席（『琉球浄瑠璃』）。客席は平場を除いた左右両側と後方は一段高くなる（『琉球芝居物語』）とあり、両書とも収容人数は千人ほどと記載される。

解説　「久志の若按司」

主要人物

敵方　謝名の大主　謀叛の首謀者
　　　富盛大主　謝名の頭役、策謀家
味方　久志の若按司　天願の分家、知勇に富む
　　　千代松　天願の嫡子である若按司

※劇中で名乗りを上げる四名。現行演出では、謝名は「按司手事」、富盛は「大主手事」、久志の若按司は「若按司手事」で登場する。千代松は「散山節」で登場し、名乗りも「若衆の唱え」で行う。

あらすじ

①具志川間切、天願按司の城

天願按司の頭役を務める謝名の大主は、白髪混じりの歳になっても主人に使われていることを不満に思い、天願を殺して按司に成り代わろうと機を伺っていた。しかし、色欲で誘っても天願は義を守って隙を見せない。ようやく野遊びに誘い出し、忍ばせておいた兵に討たせて念願をかなえた。しかしこの時、城に残っていた嫡子の千代松（天願の若按司）を取り逃がしてしまった。また、天願の分家で千代松の従兄弟にあたる久志の若按司も、謝名にとっては大きな脅威であった。

そこで、謝名は重臣たちを呼び出して久志の城に攻めかけて久志の若按司を討ち、それから千代松を探し出して一族の根を絶つように命ずる。しかし家来の富盛大主は、久志の若按司が知勇に優れ家臣も知将揃いのため城攻めは難しいことと、こちらも按司が変わって領地の民心が落ち着かないことから、まずは城の守りを固め時節を待って軍勢を攻めかけるように進言する。川崎の比屋も賛同し、国中に回状を送って天願の若按司・千代松を生け捕って人質とし、久志の若按司が降参して受け取りに来たところを二人一緒に殺すよう進言する。謝名は頷き、千代松を生け捕った者には知行を授け、隠し立てする者の一族は生き責めだ、と国中に通達する。

②石川あたりの山中

天願の若按司・千代松は、謝名に父を殺され、母も流れ矢で亡くしてしまった。自身も殺されるところを逃げおおせ、まずは従兄弟の久志の若按司を頼り時節を待って敵を討とうと、幼い妹を連れて久志の城を目指して東に向かって歩いている。日が暮れて民家に宿を借りようとするが、宿主は手配中の若按司と察し、謝名のお触れを怖れて泊めようとはしない。再び夜の山路をさ迷う二人は雪霜のなか行く先も見えず、千代松は動けなくなり、妹はどうすれば良いかも分からない。

そこへ追手の富盛大主が現れる。幼い二人を見かけ、捜索中の天願の若按司と見抜いて縄をかける。千代松は人違いだと言い張るが、やがて観念して自らは若按司だが、連れは守役の子どもだから許すようにと願う。だが、無情にも二人は、美里間切の東恩納番所へと引き立てられていく。

③久志の若按司　道行

一方、久志の若按司にも謀叛の知らせが届いた。天願按司が討たれ夫人も命を落としたが、若按司の千代松は逃げのびて行方が知れない。敵方が草の根を分けて千代松を探していると聞き、救出に向かう。家臣である立川の大主と砂田の子を連れ、編笠に深く顔を隠しての道行である。

久志の山路を分け出でて、金武の観音寺で武運を祈り、伊芸村・屋嘉村を通って七日浜の難所、石川の急流を渡って美里の伊波村に着く。一行は分散して探索し、千代松兄妹が敵方に捕われて東恩納番所にいることをつきとめる。久志の若按司は観音の助けと感謝し、急いで向かう。

④美里間切、東恩納番所

久志の若按司は番所を急襲し、敵の武将・富盛大主を捕らえて千代松兄妹を救出する。幼い兄妹と再会を喜び、力を合わせて敵討ちをすると誓う。その手始めに、捕らえた富盛を殺そうとするが、富盛は懸命に命乞いをする。すべて謝名の悪欲のせいであり、慈悲お情けでお許しあれば御恩は決して忘れない、と。久志の若按司はその言葉を聞き、家来の反対を押し切って処刑をとりやめる。富盛が喜んで久志の若按司に忠誠を誓うと、久志の若按司は富盛に秘密を打ち明ける。それは、謝名の頭役の川崎の比屋は、謝名が百姓を虐げることに我慢が出来ず、久志軍に味方すると内通してきたことで、富盛も加わるように告げる。富盛は、川崎と力を合わせれば謝名の首を取るのは容易なことと請け合い、すぐに戻って天願の若君が久志の若按司と敵討ちの準備をしていると謝名に報告すると言う。そうすれば、謝名は先手をうって久志に攻めてくるから、久志方の兵を金武嶽に隠し、伊芸・屋嘉あたりで攻めかければ、川崎と自分は後ろから挟み打ちにすると言い残し、勇んで駆けて行く。その姿を見送る久志の家臣には、富盛を解放したことに異議を唱える者もいた。実は、久志の若按司も富盛の嘘を見抜いていた。富盛が久志の兵力を金武嶽に集結させようとするのは、城の守りを手薄にさせて久志の若按司と千代松の命を狙うつもりなのだ。だが、こちらも嘘で罠を仕掛けておいた。敵方の優れた武将・川崎の比屋が内通していると思い込ませ、謝名の手で川崎を殺させる企みである。この計略を一同に打ち明けて安堵させ、うち揃って久志の城に立ち帰る。

⑤具志川間切、天願按司の城

謝名の大主は富盛の報告を聞き、すぐに川崎の比屋を引き立てさせる。身に覚えのない罪を着せられた川崎は、久志の策略と訴えるが、謝名は怒りにまかせて川崎を斬り殺してしまう。そして、明日こそは久志城に攻め入って、二人の若按司を殺すと決める。富盛は、内通の書状をしたため、明日、謝名の軍勢が久志方を攻撃する手筈なので、兵力を金武嶽に集結するようにと伝えた。

⑥久志間切、久志の若按司の城

決戦当日。久志の若按司は家臣を集め、届いたばかりの富盛の書状を読む。その内容から、計略どおり川崎の比屋が処刑されたと確信し、敵を迎え討つための作戦を家臣たちに颯爽と指示する。まず、金武嶽に少しの兵を送り、火を焚いて大勢の兵がいるよう偽装する。残るすべての兵力は、城の本門を中心に配置する。門外の、東と西の伏兵は敵の敗走を防ぎ、正面南の林に待機する兵は、敵が門を入ってから背後を突く。門の中で迎え討つ兵には、謝名が城内深く入り込んでから幾重にも取り囲んで討つように命じた。千代松と久志の若按司は、物見台に上がって敵の軍勢を誘い込む役目である。こうして兵の手配りを済ませると、久志の若按司は千代松に戦勝祈願の長刀の舞を舞うよう勧めた。千代松こと天願の若按司は、勇ましく舞い納め、皆々の士気を鼓舞したのである。

攻め寄せる謝名の軍勢は、金武嶽に煙の立つ様子を見て計略どおりだと喜び、城の本門が開け放たれていることで勝利を確信する。しかし、勢いよく城の奥深く入ったところを囲まれ、ついに騙されたことに気付く。謝名と富盛は捕えられ、久志浜で斬首の上さらし首にされることとなった。

みごと敵を討ち取った千代松と久志の若按司は、晴れ晴れと喜び合うのであった。

作品について

「久志の若按司」は作者不明。王府の記録では一八〇八年以降一八三八年、一八六六年の冊封（中国の使者による新国王の承認）の行事の宴で上演されている。「天願の若按司敵討」とも呼ばれる。

劇中の、久志の若按司が千代松と妹を助けに駆け付ける「道行」は、松山傳十郎が「殊に爽快」と評したように、観客の喝采を浴びる場面の一つである。そのため抜き出されて『久志の若按司道行口説』という舞踊曲にも仕立てられ、楽しまれている。

二人の若按司

殺された天願按司の敵《かたき》を討つのは嫡子である千代松、すなわち「天願の若按司」の役目だが、暗闇の山中を逃げるさなか、雪霜に濡れて歩くことも出来なくなる、元服前の若衆である。しかし、敵の武将の富盛に捕われた時にせめて妹だけでも助けようとする、優しい正義感の持ち主であった。

一方「久志の若按司」は、知勇に優れた若武者である。謝名の謀反を聞いて憤り、幼い兄妹の危機を救おうと、臣下の者を率いて広範な地域を俊敏に探索し、しっかり二人を保護する頼りがいのある人物である。

久志の若按司と敵将富盛との駆け引きは、味方も騙す迫真の展開を見せる。このとき久志の若按司が仕掛けた罠により、戦わずして敵の知将・川崎の比屋を葬り去るばかりか、その後の戦いを有利に導くことにも成功する。さらに、久志の若按司が戦いを控えて全軍に指示する「手配り」のあざやかさ。「二童敵討」や「万歳敵討」のような個対個の決闘ではなく、軍勢どうしの「いくさ」であり、敵の動きを察知して知略をめぐらせ、敵を誘導して追い込む。戦略、戦法もすべて久志の若按司の思うままのようである。

一方、かつて山中の暗闇でなすすべもなく泣いていた千代松も、合戦を前に長刀の舞を舞い、「天願の若按司」として大きく成長した姿を見せる。二人が手を携えて艱難辛苦を乗り越えたことで、領地一帯の未来まで明るく輝かせるようである。

歴史の道を舞台に

この物語に史実や伝説などの原典があるかどうかは、不明である。『具志川市誌』には、尚思紹王時代（一四〇六〜一四二一）に天願村を中心として具志川、安慶名あたりを領有した天願按司という名前が見える。系図には久志の按司も存在する。勢力のあった実在の按司の名前を用いることで、現実味を与えたのだろうか。天願城は現在、米軍施設のキャンプ・コートニーの中にある。また、久志の裏手に上里城（ウィザトグシク）と呼ばれる丘があり、中国製の青磁が発掘された。

この物語の大きな魅力の一つは、広く東海道の具志川から久志までを舞台として、ダイナミックに物語が展開することである。具体的な場所を示すことで、リアリティや臨場感を持たせている。

まず、敵役・謝名の大主の誇らしげな名乗りは、具志川にある奪い取ったばかりの天願按司の城で始まる。そこから一転して、石川あたりの山中をさ迷う千代松（天願の若按司）の悲惨な姿を際立たせ、ついには追手に捕らわれて美里間切の東恩納番所に連行される。番所とは間切の行政事務を行う役所のこと。この物語が書かれたのは一九世紀

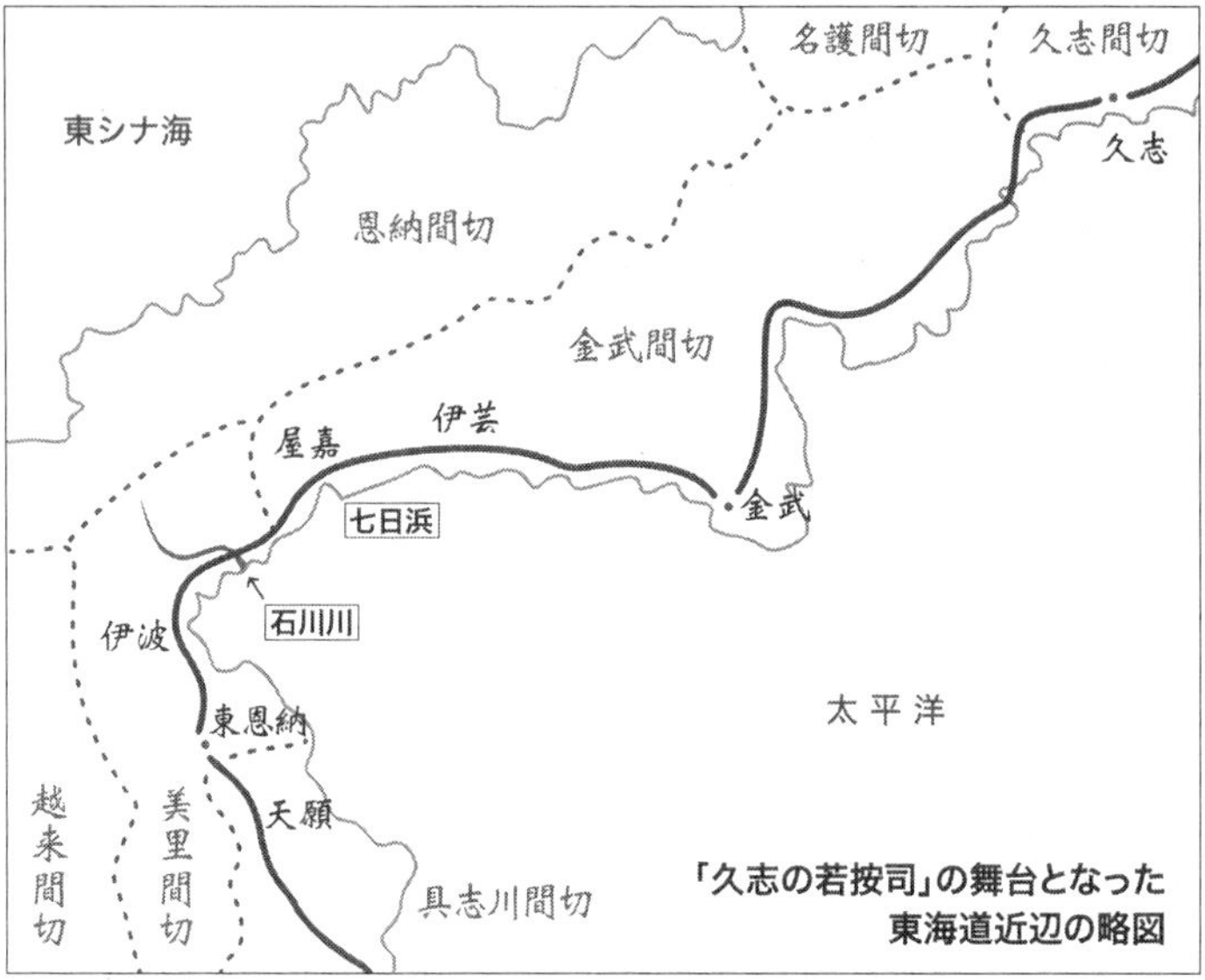

「久志の若按司」の舞台となった
東海道近辺の略図

初頭と推定されるが、東恩納番所はそれより半世紀以上前に廃止されている。敢えて往時の番所を舞台としたのも、故事らしいリアリティを感じさせる狙いがあったろう。

久志の若按司の動きは、実に機敏で勇ましい。謀叛が起こり、千代松が敵に追われていると知るや、家来に向かい「美里から越来、具志川、与那城、勝連に忍ば（ひそかに探索せよ）」と命ずる。それぞれ間切の名称で、天願の城のある具志川間切を中心に、隣接する間切を全てくまなく探索せよと言うのだ。続く道行では、道中の地名が読み込まれる。「編み笠に深く面を隠してぞ、久志の山路わけ出でて、行けば程なく金武の寺、御宮立ち寄り伏し拝み」（中略）「伊芸や屋嘉村行き過ぎて、歩みかねたる七日浜、石川走川うち渡て、エイ、今ど美里の伊波村に急ぎ急ぎて忍で来やる」。「金武の寺」は「観音寺」のこと。一六世紀初頭に創建された真言宗寺院で、「御宮」は観音寺境内の鍾乳洞に祀られる「金武宮」のこと。琉球八社の一つである。神仏を味方につけ、正義を強調しているようだ。伊芸、屋嘉を過ぎ、屋嘉から石川赤崎まで続く「七日浜」を過ぎ、石川の急流を渡り、美里間切の伊波村に着く。「七日浜」は砂地で歩きにくく通り過ぎるのに七日かかる難所とされ、「石川川」は、急流を意味する「走川《ハイカー》」で、「石川走川《イシチャハイカー》」と呼ばれる危険な川であった。この険しい行程を、小気味良いリズムで颯爽と舞う。舞踊としても独立している人気の道行である。

読み込まれた地名は、「東海道」という歴史の道に点在する。首里と国頭を結ぶ東側の海岸線沿いの道で、現在の国道三二九号線に近いルートである。

［参考資料］

伊波普猷『校註　琉球戯曲集』復刻版、榕樹書林、一九九二年。

石井研堂「琉球浄瑠璃」『書物展望　第七十六号』書物展望社、一九三七年。

真栄田勝朗『琉球芝居物語』青磁社、一九八一年。

矢野輝雄『沖縄芸能史話』榕樹社、一九九三年。

島袋和幸「『琉球浄瑠璃』の著者、松山傳十郎」『沖縄の軌跡』第一六六号、二〇一五年一〇月。

當間一郎「松山傳十郎の『琉球浄瑠璃』について」沖縄藝能史研究会会報第四〇三号、二〇一二年。

茂木仁史「組踊『久志の若按司』」『国立劇場おきなわステージガイド 華風』二〇一五年一〇月。

茂木仁史・古波蔵ひろみ『首里城の舞台と踊衣裳』榕樹書林、二〇二三年。

『具志川市誌』具志川市、一九七〇年。

郷土歴史大事典「沖縄県の地名」『日本歴史地名大系48』平凡社、二〇〇二年。

[プロフィール]

松山 傳十郎

慶応2年、福島県郡山市に生る。

福島、東京の小学校教員を経て、明治20年頃来琉、県立小学校教員となる。

東京に帰ったあとは「萬朝報」記者などを務めた後、東京の教育事業に貢献。

昭和10年逝去(70才)。

茂木 仁史

国立劇場おきなわ勤務。

沖縄県立芸術大学芸術文化研究所共同研究員。

博士(芸術学)、専門は琉球及び日本の伝統芸能研究。

著書に『首里城の舞台と踊衣裳』(古波蔵ひろみと共著)榕樹書林、2023年、他。

琉球浄瑠璃 久志の若按司 沖縄学研究資料14

ISBN978-4-89805-247-1 C0374

2023年 2月20日 印刷
2023年 2月28日 発行
(限定300部)

著　者　松　山　傳十郎
解　題　茂　木　仁　史
発行者　武　石　和　実
発行所　(有)榕　樹　書　林

〒901-2211 沖縄県宜野湾市宜野湾3-2-2
TEL 098-893-4076 FAX 098-893-6708
E-mail：gajumaru@chive.ocn.ne.jp
郵便振替 00170-1-362904

印刷・製本 (有)でいご印刷 Printed in Ryukyu